AF179034

Klaus Richarz

Säugetiere
entdecken und erkennen

Herausgegeben von Gunter Steinbach

315 Farbfotos
190 Zeichnungen
146 Verbreitungskarten

Ulmer

Inhalt

Die Welt der Säugetiere

Vielleicht, weil wir Menschen selbst zu den Säugetieren gehören, sind sie für uns von jeher von großer Bedeutung. Umso interessanter ist es, etwas über ihre Biologie zu erfahren.

Verwandtschaftliche Bande

Biologisch gesehen gehören wir selbst zur Klasse der Säugetiere, die sich zu anderen Wirbeltieren wie Fischen, Amphibien, Reptilien und Vögeln in vielfacher Hinsicht unterscheidet. Besonders interessant ist, dass ihre Empfindungs- und Ausdrucksmöglichkeiten weit fortgeschritten sind und sie zu deutlichen und ganz verschiedenartigen Reaktionen fähig sind: Sie setzen zur Verständigung innerhalb ihrer Art verschiedenste optische, akustische und Geruchs-Signale ein, um über Geschlechts-, Gruppen- und Alterszugehörigkeit, Status, Territorium oder ihre Stimmung Auskunft zu geben.

Selbst Arten, die als Einzelgänger leben, brauchen in frühen Lebensphasen für eine gute Entwicklung ausgeprägte Sozialkontakte. Anders als bei den meisten Tiergruppen kommen die neugeborenen Jungen (Säuger!) ohne ihre Mütter nicht aus. Diese existenzielle Abhängigkeit bedeutet ein starkes Band, das es vor allem den komplexer organisierten Arten ermöglicht, wichtige erworbene Fähigkeiten und Erfahrungen an den Nachwuchs weiterzugeben. Fischotter und Seehunde etwa lernen von ihren Eltern und anderen erwachsenen Tieren Schwimmen und Tauchen. Die mütterliche, elterliche oder Gruppen-Fürsorge für den Nachwuchs wie auch Spielfreudigkeit und Erkundungsdrang in sensiblen Phasen des Aufwachsens zählen zu den rührendsten Erlebnissen, wenn wir die Tiere beobachten.

Mensch und Tier

Säugetiere waren und sind uns Menschen nie gleichgültig. Viele Arten konkurrier(t)en vermeintlich oder tatsächlich mit uns um Nahrungsressourcen. Pflanzenfresser unterscheiden nun einmal nicht zwischen natürlicher Vegetation und Kulturpflanzen! Fleischfresser leben vielfach von Arten, die auch für den Menschen als Nahrung in Betracht kommen. Kleinsäuger können zudem als Vorratsschädlinge und Krankheitsüberträger (etwa die Pest durch Ratten) eine Rolle spielen.

Das Verschwinden der großen Raubtiere aus Mitteleuropa ist hauptsächlich auf ihre direkte Verfolgung zurückzuführen. Der Ausrottungsfeldzug gegen Bär, Wolf und Luchs eskalierte zur Staatsaufgabe. Aber auch Pflanzenfresser, vor allem die großen Weidetiere, wurden stark zurückgedrängt oder ausgelöscht. So sind die Stammarten vieler Haustiere, wie Wildesel und Wildziege, fast oder – wie Ur und Tarpan – gänzlich ausgerottet. Abgesehen vom Reh waren schon seit dem Mittelalter alle größeren heimischen Landsäugetiere stark dezimiert.

Vor allem die Jagdleidenschaft vieler Menschen führte vielerorts zu überhöhten Beständen von Schalenwild (wie Hirsche, Rehe und Wildschweine). So wurden heimische Arten lokal wieder angesiedelt und gebietsfremde Säuger eingebürgert. Damit verbunden waren und sind teilweise negative Auswirkungen auf Arten oder Lebensräume, zum Beispiel wenn sich seltene Unterarten vermischen oder andere Tiere verdrängt werden. Andererseits haben jagdliche Interessen so manchen Großsäugern wie dem Rothirsch ein Überleben in stark nutzungsorientierten Räumen ermöglicht.

Schutz und Hilfe gefragt

Fehlender Lebensraum, zunehmender Verkehr, „Schädlings"-bekämpfung, bestimmte Formen von Agrarwirtschaft und Tourismus erschweren den Säugetieren heute den Kampf ums Überleben. Die vielen kleinen und größeren Arten, die als wildlebende Mitbewohner unser Lebensumfeld teilen, sind auf unsere Toleranz und Hilfe angewiesen. Mit entsprechenden Gesetzen wird heute in kleinen Schritten versucht, Arten und ihre Lebensräume zu erhalten. Aber auch jeder einzelne ist dazu aufgerufen, seinen Beitrag für die Erhaltung unserer nächsten Tierverwandten in Europa und darüber hinaus zu leisten.

Lebensnotwendige Zuneigung: Hirschkuh mit säugendem Kalb.

Unsere Säugetiere im Überblick

So, wie wir gerne wissen wollen, mit wem wir alles verwandt sind, ist es für das Kennenlernen von Tieren oft hilfreich, über deren verwandtschaftliche Beziehungen Bescheid zu wissen. Werfen wir also einen kurzen Blick auf die zoologische Systematik.

Die Wissenschaftler teilen die Säugetiere, wie auch alle anderen Lebewesen, nach dem Grad ihrer natürlichen Verwandtschaft in Ordnungen, Familien, Gattungen und Arten ein. Die deutschen Namen der Tiere spiegeln dieses Ordnungsprinzip allerdings nicht in jedem Fall wider. So gehört zum Beispiel durchaus nicht alles, was „Maus" heißt, auch tatsächlich zu diesen Nagern. Eine Spitzmaus ist mit der Hausmaus so wenig verwandt wie die Kuh mit der Katze, und auch eine Fledermaus ist mitnichten eine fliegende Maus. Ebenso können Aussehen oder Verhalten der Tiere täuschen. Die Robben etwa sind viel enger mit Bär, Tiger und Wolf verwandt als mit den Walen, obwohl sie eher letzteren gleichen.

Insektenfresser und Beuteltiere

Die **Insektenfresser,** zu denen bei uns die Familien der Igel, Spitzmäuse und Maulwürfe zählen, kommen in Europa mit 29 Arten vor. Viele davon haben lange, sehr bewegliche Nasen und verfügen über einen ausgezeichneten Geruchssinn. Manche können – ähnlich den Fledermäusen – echoorten. Obwohl die Insektenkost namengebend war, ernähren sich manche Insektenfresser auch von anderer tierischer Kost. Auf und unter der Erde und selbst im Wasser leben die Mitglieder dieser großen und bereits sehr alten Ordnung der Säugetiere.

Auch die **Beuteltiere** sind eine entwicklungsgeschichtlich uralte Säugetierordnung. Ihre Jungen werden sehr „unreif" geboren und entwickeln sich dann im Bauchbeutel der Mutter fertig. Eigentlich kommen Beuteltiere nur in Australien und Amerika vor, doch eine kleine Känguruart lebt auch in England.

Seite 24–35

Fledertiere und Primaten

An Artenzahl werden die Insektenfresser in Europa von den **Fledertieren** noch überboten, der einzigen zum aktiven Flug fähigen Säugetierordnung. (Wobei Europa mit seinen 35 Kleinfledermaus- und 1 Flughundart ein eher artenarmer Fledermaus-Kontinent ist – bei 1005 Arten weltweit.) Ihr Fähigkeit, sich in der Nacht durch Echoortung zu orientieren, macht die Fledermäuse so erfolgreich.

Die Ordnung der **Primaten** oder **Herrentiere** umfasst die Affen, die als Halbaffen, Altwelt-, Neuwelt- und Menschenaffen sämtliche Kontinente außer Australien besiedeln. Sie zeigen die fortgeschrittenste Gehirnentwicklung aller Säuger. In Europa kommt nur eine einzige Art vor, nämlich die Berberaffen Gibraltars — sieht man einmal von uns Menschen ab, die wir, biologisch gesehen, gleichfalls Mitglieder dieser Säugetierordnung sind.

Hasen und Nagetiere

Obwohl **Hasen** Nagezähne besitzen, zählen sie zoologisch nicht zu den Nagetieren, sondern bilden eine eigene Ordnung. Sie haben ihre Technik zu fressen ganz unabhängig von den Nagern entwickelt. Vor allem in zwei Punkten unterscheiden sie sich von diesen: Hinter den großen vorderen Schneidezähnen tragen sie ein zweites, kleines Paar im Oberkiefer, und sie scheiden einen besonderen Blinddarmkot aus, den sie als „Verdauungspille" sogleich wieder verzehren.

Mit ihren stetig nachwachsenden Schneidezähnen verzehren die weltweit rund 1700 **Nagetierarten** so ziemlich alles an Pflanzenkost, was man sich vorstellen kann. Einige nehmen zusätzlich aber auch tierische Kost einschließlich Aas zu sich. Außer dem aktiven Flug beherrschen sie sämtliche von Säugern bekannten Fortbewegungsweisen, sind oft überaus vermehrungsfreudig, leben vielfach gesellig, und manche, wie das Murmeltier, halten Winterschlaf.

Seite 36–63   Seite 64–109

Raubtiere

Die **Raubtiere** kommen mit den Unterordnungen Land- und Wasserraubtiere weltweit in 270 Arten vor. Typisch ist ihr Raubtiergebiss mit den dolchartigen Eck- und gezackten Backenzähnen. Damit packen sie jedoch nicht nur tierische Beute. Manche Arten wie z. B. der Dachs sind ausgesprochene Allesfresser, einige wenige ernähren sich sogar fast nur von Pflanzen, etwa der Pandabär von Bambus.

Raubtiere leben in allen denkbaren Gesellschaftsformen – von Einzelgängern bis zu hochkomplexen Gemeinschaften. Sie besiedeln alle Lebensräume von polaren Eiswüsten bis zu tropischen Wäldern, von Gewässern bis zur Wipfelregion der Bäume. Viele sind dämmerungs- und nachtaktiv. Deren charakteristisches Merkmal ist eine reflektierende Schicht hinter den Sehzellen, die im Auge bei Bestrahlung aufleuchtet („Katzenauge").

Die Robben unterscheiden sich von den übrigen Raubtieren vor allem durch die Umwandlung ihrer Gliedmaßen zu flossenartigen Ruderfüßen.

Huftiere

Kommen wir zu den **Huftieren.** Unser einziger wild lebender **Unpaarhufer** war das leider ausgestorbene Wildpferd. Alle Arten der Pferde-Familie (Wildpferde, Zebras, Wildesel) bevorzugen offene Landschaften. Die „Urpferdchen" aus dem Frühtertiär Nordamerikas und Europas dagegen waren waldbewohnende, nur katzen- bis fuchsgroße Unpaarhufer mit vierfingrigen und dreizehigen Gliedmaßen, die eher an Ducker oder Zwerghirsche als ihre heutigen Nachfahren erinnern.

Erfreulicherweise leben noch einige **Paarhufer** wild in Europa. Ihre 3. und 4. Finger- und Zehenspitzen sind behornt und tragen das ganze Körpergewicht. Viele Paarhufer sind mit Kopfwaffen in Form von Geweihen oder Hörnern ausgerüstet. Diese Kopfwaffen oder auch die hauerartigen Zähne können bei beiden Geschlechtern oder nur bei Männchen vorhanden sein. Sie werden vor allem bei ritualisierten Rangordnungskämpfen eingesetzt. Bis auf das Wildschwein zählen sämtliche heimischen Paarhufer zu den Wiederkäuern.

Seite 110–151   Seite 152–175

Wale und Delfine

Die **Waltiere** schließlich haben sich so perfekt ans Wasserleben angepasst, dass sogar fälschlich immer wieder von „Walfisch" gesprochen wird. Als Weltbürger in allen Meeren unterwegs, sind sie jedoch stark bedroht durch Walfang, Meeresverschmutzung und Klimawandel. In Europa kann eigentlich nur der Zwergwal als „unser" Wal bezeichnet werden.

Die ständig im Wasser lebenden Wale stammen von landbewohnenden, schweineartigen Huftieren ab. Zahlreiche Organe, die nur an Land nützlich wären, wie Sinneshaare, Hautdrüsen, Beckenknochen und Hintergliedmaßen, sind bei den Walen stark zurückgebildet. Ihre Vordergliedmaßen sind zu Flossen umgewandelt. Die waagrecht liegende Schwanzflosse (Fluke) ist eine Neubildung des Bindegewebes ohne Skelett. Bartenwale tragen im Oberkiefer ihres mächtigen Kopfes statt der Zähne Barten. Diese Hornplatten seihen mit reusenartig wirkenden Fransen und der Zunge vor allem Kleinkrebse (Krill) aus dem Meerwasser aus. Zahnwale haben meist schlanke Körper vom Delfintyp.

Seite 176–183

Wichtige Fachbegriffe

Aalstrich ein längs der Rückenmitte verlaufender, farblich abgesetzter (meist dunkler) Streifen in der Fellfärbung vieler Säugetiere

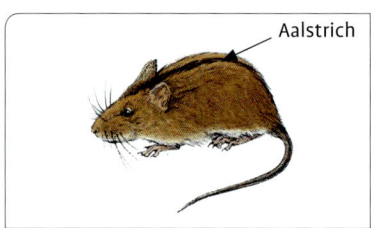

Aalstrich

alpin Vegetationsstufe oberhalb der klimatischen Waldgrenze mit natürlichen Zwergstrauch- und Rasengesellschaften, in Mitteleuropa in ca. 2000–2500 m Höhe

Art grundlegende Kategorie der biologischen Systematik. Gesamtheit der Individuen, die sich auf natürliche Weise untereinander uneingeschränkt fortpflanzen können und in typischen Merkmalen untereinander und mit ihren Nachkommen übereinstimmen

Äsung waidmännischer Ausdruck für die (Pflanzen-)Nahrung des Wildes, also das Gras oder Laub, das Hirsche und Rehe weiden bzw. abzupfen; der Jäger spricht beim Wild von „äsen" anstelle von fressen

Augsprosse in der Jägersprache die untersten, gewöhnlich nach vorne weisenden Enden der beiden Stangen des Hirschgeweihs

Barten Hornplatten im Maul der Bartenwale, die in Reihen vom Gaumen herabhängen und an ihren Kanten besenartige Fransen tragen; bei der Nahrungsaufnahme nimmt der Wal einen großen „Schluck" Wasser ins Maul, schließt das Maul weitgehend und drückt mit der Zunge das Wasser wieder hinaus; dabei bleiben kleine Wassertiere (Krill) an den Fransen der Barten wie in einer Reuse hängen

Bast beim Hirschgeweih die samtig behaarte und stark durchblutete Haut, die das Geweih in der Zeit seiner Neubildung überzieht; ist das Geweih im Sommer fertig entwickelt, stirbt der Bast ab, und der Hirsch streift ihn durch „Fegen" an Sträuchern und dünnen Baumstämmen in Fetzen ab

boreal Zone mit kalt-gemäßigtem Klima, bei dem die kalte Jahreszeit länger als 6 Monate anhält; im europäischen Norden die Zone der Tundra und Taiga

Brunft in der Jägersprache Bezeichnung für die Brunst, den Zustand geschlechtlicher Erregung und Aktivität bei Säugetieren; wird periodisch durch hormonelle Veränderungen ausgelöst; entspricht der Balz der Vögel

Einstand Begriff aus der Jägersprache; bezeichnet eine Rückzugsfläche für Wildtiere, die diese zum geschützten Ruhen aufsuchen

Finne die Rückenflosse der Wale

Flughaut Gleitmembran (Patagium), die sich längs der Körperflanken zwischen Vorder- und Hinterextremitäten erstreckt und unter Umständen auch Teile des Schwanzes einbezieht; zu finden bei z. B. Fledermäusen und Flughörnchen

Fluke die horizontale Schwanzflosse der Wale

Gleitflug passive Bewegung durch die Luft mithilfe einer Membran (Patagium), die für den Auftrieb sorgt; dagegen beherrschen Fledermäuse den aktiven Flug durch Muskelkraft

Habitat diejenige Umgebung, in der eine bestimmte Tier- oder Pflanzenart gewöhnlich lebt und die alle Ansprüche dieser Art erfüllt (lateinisch habitare = wohnen); so kann z. B. das Biotop Wald mehrere verschiedene Habitate für Kleintiere enthalten, etwa die Streuschicht oder die Baumkronen

Keimruhe auch Eiruhe genannt, eine Entwicklungsverzögerung der befruchteten Eizelle. Erst nach der Keimruhe beginnt sich diese zum Embryo weiterzuentwickeln. Das hat den Vorteil, dass die Wildtiere, die sich im Sommer oder Herbst gepaart haben, erst im Frühjahr ihre Jungen zur Welt bringen. Dann finden zum einen die Muttertiere mehr Nahrung, und zum andern sind die Jungen in dieser trockeneren und wärmeren Jahreszeit weniger gefährdet als im Winter. Eine solche Keimruhe tritt z. B. beim Reh auf, aber auch bei Dachs und Mardern. Die Fledermäuse haben dasselbe Problem übrigens anders gelöst: bei ihnen kommt es nach der Paarung im Herbst nicht zu einer Befruchtung, sondern die Weibchen speichern die Spermien inaktiv im Uterus, bis im Frühjahr ein Eisprung stattfindet und die Eizelle befruchtet wird (Sperma-Konservierung)

kHz Kilohertz = 1000 Hertz: Zahl der Schwingungen pro Sekunde; Maßeinheit der Frequenz

Kulturfolger Arten, die sich der vom Menschen für Menschen veränderten Umwelt besonders gut anpassen und sich dort besser verbreiten als in naturnahen oder sogar natürlichen Landschaften

Losung Begriff aus der Jägersprache; bezeichnet hinterlassene Exkremente

Spiegel

von Tieren, insbesondere von jagdbarem Wild

montan Vegetationsstufe im Bergland, in unseren Breiten die Höhenstufe der Buchen-Tannen-Fichten-Mischwälder (Bergwaldstufe)

Nasenspiegel unbehaarter Schleimhautbereich um die Nasenöffnungen herum, bei vielen Säugetieren

Nestflüchter Begriff, der eigentlich aus der Vogelkunde stammt und diejenigen Jungen bezeichnet, die weit entwickelt aus dem Ei schlüpfen, den Eltern sofort folgen und selbstständig Nahrung aufnehmen können; bei Säugetieren analog auf den Jungentypus z. B. der Huftiere angewendet, die „fertig" entwickelt, mit Fell und offenen Augen, geboren werden und sogleich laufen können

Nesthocker Im Unterschied zum ⇨ Nestflüchter solche Jungtiere, die noch sehr „unfertig" schlüpfen bzw. geboren werden, d.h. zunächst blind, nackt und hilflos im Nest oder Bau sitzen, wie es z. B. bei Mäusen der Fall ist

Pass andere Bezeichnung für ⇨ Wechsel

Rosenstock unteres, „knubbelig" aussehendes Ende der Geweihstangen beim Rehbock

Ruderalflächen Flächen mit Pflanzengesellschaften, die typisch sind für stickstoffreiche, trockene Standorte wie Schuttplätze, Ruinen, Wegränder oder Bahndämme (lateinisch *rudus*, der Schutt)

Rüttelflug Flugtechnik, bei der das Tier gleichsam in der Luft stehen bleibt; bekannt von Greifvögeln und Kolibris, aber auch manche Fledermäuse beherrschen diese Technik

Schalenwild Wildarten, die zu den Paarhufern zählen, also Hirsche, Reh, Mufflon, Gämse, Steinbock und Wildschwein

Sohlengänger Säugetiere, die beim Gehen ebenso wie wir Menschen die ganze Fußfläche, von der Ferse bis zu den Zehen, auf den Boden aufsetzen. Sohlengänger sind z. B. Dachs und Bär

Spiegel die weißliche Fellfärbung am Hinterteil von Hirschen und Reh

subalpin Krummholzstufe im Gebirge, direkt unterhalb der natürlichen Waldgrenze, in Mitteleuropa in ca. 1600–2000 m Höhe

Tragus auch Ohrdeckel genannt; Fortsatz am Innenrand der Ohrmuschel bei vielen Fledermäusen; bei jeder Art etwas anders gestaltet, daher ein gutes Bestimmungsmerkmal

Tragus

Tragzeit (Trächtigkeit) Zeitspanne der Entwicklung des Embryos in der Gebärmutter eines Säugerweibchens; das Phänomen der Keimruhe bei einigen Arten kann zu einer Trächtigkeitsdauer führen, die länger ist als die Zeitspanne, in der sich der Embryo tatsächlich entwickelt

überbaut Körperbau eines Tiers, bei dem das Hinterteil (Kruppe) in der Silhouette höher ist als die Schulterblätter (Widerrist); typisch z. B. für das Reh

Ultraschallortung Orientierung mittels Echoortung; die Tiere stoßen Töne im Ultraschallbereich aus und nehmen die von Hindernissen reflektierten Echos mit ihrem feinen Gehör wahr; vor allem von Fledermäusen und Delfinen bekannt

verwildert in der Wildnis lebend; bei domestizierten Tieren wie etwa Katzen

Wechsel Wege, die Wildtiere regelmäßig benutzen, zum Beispiel beim Reh von einem geschützten ⇨ Einstand zu den ⇨ Äsungsflächen oder beim Fuchs vom Bau zum Jagdrevier; oft sind Wechsel so ausgetreten, dass sie als deutliche Pfade erkennbar sind

Winterruhe Aktivitätsminderung in der kalten, nahrungsarmen Jahreszeit, mit langen Schlafperioden, jedoch ohne Absinken der Bluttemperatur, wie es für den ⇨ Winterschlaf typisch ist; eine Winterruhe halten z. B. der Dachs und der Braunbär

Winterschlaf starke Aktivitätsminderung im Winter, verbunden mit einem Absinken der Bluttemperatur, einer Verlangsamung des Herzschlags und aller Stoffwechselvorgänge im Körper; typische Winterschläfer sind z. B. Siebenschläfer, Murmeltier und die Fledermäuse

Wochenstube bei Fledermäusen ein Quartier, das im Frühjahr von einer Gruppe Weibchen bezogen wird, die dort ihre Jungen zur Welt bringen und aufziehen

Zehengänger Tiere, die beim Gehen nur mit den Zehen (bzw. Fingern) den Boden berühren, so etwa Hunde und Katzen, also auch Wolf, Fuchs, Wildkatze und Luchs. Sie unterscheiden sich damit zum einen von den ⇨ Sohlengängern, zum andern von den Huftieren, die nur mit den von einem Huf ummantelten Zehenspitzen auftreten

Säugetiere entdecken und beobachten

Freilebende Säugetiere sind fast immer sehr viel schwerer zu beobachten als Vögel. Die meisten unserer Säugetierarten sind scheu oder führen ein sehr verborgenes, oft nächtliches Leben. Sie zu beobachten erfordert **viel Geduld.** Da heißt es, die richtigen Stellen auszusuchen, wo die Tiere an Menschen gewöhnt und die Chancen, sie zu sehen, daher groß sind.

Eichhörnchen im **Stadtpark**

Im Stadtpark, oft auch in Friedhöfen oder Kurparks mit altem Baumbestand können wir den Eichhörnchen zuschauen, wie sie mit akrobatischer Geschicklichkeit klettern, an Stämmen hinauf- und hinabrennen, in Hockstellung mit den Vorderpfoten gehaltene Nüsse bearbeiten oder diese als Vorrat im Boden vergraben. Nicht selten sind die possierlichen Hörnchen an solchen Orten sogar futterzahm und nehmen einem – zur Begeisterung der Zuschauer – mitgebrachte Nüsse direkt aus der Hand.

Murmeltiere – **alles andere als verschlafen**

Beim Bergwandern müssen Sie durchaus nicht mit Seil und Haken in die Wand steigen, um Murmeltiere beobachten zu können. Im Gegenteil. Gerade in der Nähe stark frequentierter Wanderwege oder neben Almhütten verhalten sich die putzigen Nagetiere **oft recht vertraut.** Nach dem Ende ihres langen Winterschlafs oder nach längeren Regenperioden sitzen sie gerne neben den Baueingängen ihrer Kolonie in der Sonne und wärmen sich oder widmen sich der sozialen Fellpflege. Doch sind die wachsamen Tiere ständig vor Beutegreifern auf der Hut. Bemerken sie etwas Verdächtiges, richten sie sich auf, warnen ihre Artgenossen durch schrille Schreie und tauchen blitzartig in ihre Baue unter.

Wie eine Katze **auf der Lauer**

Kleinsäuger wie Spitzmäuse, Mäuse oder Mauswiesel lassen sich am ehesten beobachten, wenn wir uns an Erfolg versprechenden Stellen längere Zeit **ruhig aufhalten.** Am häufigsten haben wir dabei an Lesesteinhaufen und Mauern, in verwilderten Gärten, an Feldrainen, Gebüschen oder Holzstapeln Erfolg. Hat man ein Mausloch oder einen anderen Kleinsäugerbau entdeckt (Ausnahme: Maulwurf!), lohnt sich ein längeres, versteckes „Ansitzen" in der Dämmerung. Manche Nager lassen sich – mit viel Geduld – auch durch ausgelegtes Futter (Getreidekörner, Samen, Nüsse) anlocken.

Gute Chancen auf **Erfolg**

Hier hat ein geduldiger Ansitz gute Aussichten, das angepeilte Wild auch tatsächlich zu Gesicht zu bekommen:

›› **Wildkaninchen:** tagsüber an seinen Bauen (Waldränder, Stadtparks, Dünen).

›› **Feldhase:** in der Feldflur, morgens oder abends.

›› **Biber:** an seinem Bau, Beobachtung normalerweise sehr schwierig. Inzwischen sind in Städte eingewanderte Biber aber stellenweise schon relativ vertraut (z. B. an der Isar in München, Nähe Deutsches Museum).

›› **Fuchs:** an bekannten Bauen, Pässen oder Sonnenbadeplätzen, morgens bei Sonnenschein oder in der Abenddämmerung.

›› **Dachs:** am Bau und an Pässen, in der Dämmerung.

›› **Iltis, Baum-, Steinmarder:** an bekannten Verstecken, vor allem in der Paarungszeit in der Dämmerung oder wenn Jungtiere spielen.

›› **Wildschwein:** in der Dämmerung und nachts; schwierig zu beobachten.

›› **Reh:** in der Nähe von Äsungsflächen, vor allem März bis Mai, in der Dämmerung; „Feldrehe" aus größerer Entfernung von Feldwegen aus.

›› **Rotwild:** Hirsche während der Brunft, nachts; sonst beim Äsen in der Nähe von Waldlichtungen, im Winter an Wildfütterungen.

›› **Alpensteinbock:** Bei schönem Wetter Einstandsplätze im Gebirge mit Spektiv absuchen!

›› **Gämse:** während der Hauptaktivitätszeiten der Rudel, d. h. morgens (6–10 Uhr) und abends (16–19 Uhr).

Entdeckt – Igel sind häufig in nächtlichen Gärten unterwegs.

Auf Spurensuche

Die meisten unserer wildlebenden Säugetiere werden Sie beim Spazierengehen oder Wandern nur mit Glück zu Gesicht bekommen. Doch auch die heimlichsten nächtlichen Geschöpfe hinterlassen Spuren, die ihre Anwesenheit verraten.

Leider verlernt

Während für Naturvölker das Spurenlesen eine Überlebensfrage war, beherrschen heute höchstens noch einige Wildbiologen, Jäger und Förster diese Kunst, ohne dass sie jedoch die Perfektion echter „Fährtensucher" erreichen. Immerhin können wir auf Spaziergängen unser Naturerlebnis erheblich bereichern, wenn wir lernen, auf die Spuren von Tieren zu achten und diese richtig zu lesen. Mit etwas Übung gelingt es, allein durch die „Hinterlassenschaften" von Tieren einiges über deren Vorkommen, ihre Wechsel und Einstände und ihr Verhalten zu erfahren.

Wer kreuzte da den Weg**?**

Die Trittspuren, die Tiere auf nassem, weichem Boden oder im Sand hinterlassen, sind mit ungeschultem Auge meist nicht zu erkennen. Anders in **frischem Schnee.** Hier zeichnen sich die Spuren oft sehr deutlich ab, von großen Hufabdrücken bis hin zu winzigen Mäusepfötchen. Aus der Form und Anordnung der einzelnen Trittsiegel lässt sich auf deren Urheber rückschließen (⇨ S. 192).

Man kann sogar sehen, wie eilig es das Tier hatte. Je nach Laufart und Geschwindigkeit entstehen unterschiedliche Spurenbilder. So werden im Schritt oder Gang die Hinterfüße mehr oder weniger genau in die Abdrücke der Vorderfüße gesetzt.

Je schneller sich ein Tier bewegt, desto mehr nimmt die Schrittlänge zu. Das lässt sich besonders gut bei der zweitschnellsten Gangart, dem **Trab,** feststellen. Beim **Galopp** schließlich werden die Hinterfüße vor den Vorderfüßen aufgesetzt. Und beim **Sprung** drückt sich das Tier mit beiden Hinterbeinen gleichzeitig ab, wird im Bogen vorwärts geschleudert und landet auf den Vorderbeinen, die meist in geringem Abstand voneinander auf den Boden aufsetzen.

Um zu erkennen, von wem eine Trittspur stammt, ist es oft wichtig, diese genau **abzumessen.** Die Pfotenbreite misst

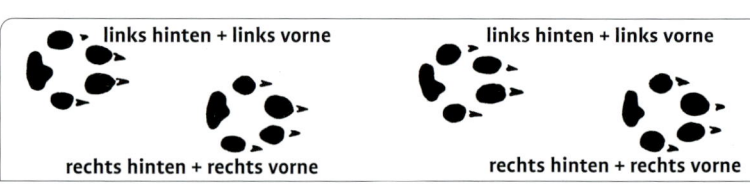

links hinten + links vorne   links hinten + links vorne

rechts hinten + rechts vorne   rechts hinten + rechts vorne

Spur eines Fuchses (schnürend)

Biberfraßspuren sind buchstäblich „offensichtlich".

man auf Höhe der beiden vorderen Zehenballen, für die Pfotenlänge wird der Abstand vom vorderen Zehenballenrand bis zum Hinterrand des Hauptballens (bei Zehengängern wie z. B. dem Fuchs) bzw. des Fersenballens (bei Sohlengängern wie bei Mardern oder Bären) genommen. Die Trittsiegel-Breite beim Schalenwild wird an der breitesten Stelle der Schalenabdrücke gemessen.

Reste von Mahlzeiten – Fraßspuren

An Bäumen, Sträuchern, Kräutern, Früchten und Wurzeln lassen sich vielfältige Fraßspuren von pflanzenfressenden Tieren entdecken. Bei Obst verraten sich die verschiedenen Säugetiere z. B. dadurch, dass sie unterschiedlich breite **Zahnmarken** ihrer Schneidezähne im Fruchtfleisch hinterlassen. An hartschaligen Samen und Nüssen wie Haselnüssen oder Eicheln wenden sie ganz unterschiedliche **Öffnungstechniken** an.

Kleine und große **Geschäfte**

Kotspuren von Säugetieren geben Aufschluss darüber, ob der Erzeuger überwiegend Fleisch- oder Pflanzennahrung zu sich nimmt. Fleischfresser-Kot ist in der Regel weicher, enthält Knochen und Haare, ist länglich und riecht streng. Bei Allesfressern finden sich im Kot zusätzlich Rückstände von Pflanzenteilen. Bei reinen Pflanzenfressern enthält der Kot sehr viele Pflanzenreste, ist oft härter und besteht aus kleinen, fest geformten Kotpillen.

Mit etwas Glück und offenen Augen entdeckt man einen Dachsbau.

Vierbeinige **Baumeister**

Zahlreiche Säugetiere errichten Baue oder Nester vor allem für die Aufzucht ihrer Jungen. Oft dienen Tierbauten aber auch als Verstecke oder zum Schutz gegen Kälte oder Feuchtigkeit (Winterbaue). Nur wenige Arten bewohnen ganzjährig feste Baue, so z. B. der Fuchs und der Dachs.

Dachsbaue werden oft über ganze Generationen genutzt. Deshalb können sie über 100 m lange Röhren aufweisen und bis zu 5 m tief sein. Eine Besonderheit unter den Säugetier-Bauen sind die Biberdämme. Sie dienen nicht als Unterschlupf, sondern damit regulieren Biber den Wasserstand ihrer Wohngewässer. Trittspuren verraten oft den Weg zu einem Versteck.

Natur-Tipp

Sehen lernen

Garantiert sind Sie in der Natur schon x-mal an Tierspuren vorübergegangen, ohne sie wahrzunehmen. Sie haben sie einfach nicht als solche erkannt. Am besten nehmen Sie daher immer wieder an geführten Wanderungen teil, bei denen Ihnen ein erfahrener Fachmann die Spuren von Tieren im Gelände zeigt und erklärt. Das mag ein Strauch sein, an dem ein Rehbock sein Geweih gefegt hat, ein zerwühltes Bodenstück, in dem sich ein Wildschwein gesuhlt hat, oder eine Nuss, in die von einem Eichhörnchen ein Loch gebissen wurde. Mit der Zeit werden Sie in Wald und Feld regelrecht „lesen" können, welche Tiere hier waren.

Bei einem „normalen" Waldspaziergang läuft man an zahlreichen Tierspuren vorbei.

Fledermäuse beobachten

Mit Beginn der lauen Frühlingsnächte sind die Nachtflieger bei uns wieder unterwegs. Sie haben nach dem langen Winterschlaf ihre Winterquartiere verlassen und sind in ihre Sommerquartiere umgezogen. Von dort aus fliegen sie allnächtlich in ihre Jagdgebiete.

Wollen Sie mehr über die kleinen „Kobolde der Nacht" erfahren? Dann sollten Sie sich nach Dämmerungsbeginn auf den Weg machen, um die flinken Flatterer bei ihren Beuteflügen zu beobachten. Sie werden allein beim Zuschauen so einiges über deren Lebensweise in Erfahrung bringen.

Vielversprechende Plätze

Am besten versuchen Sie Ihr Glück an Waldrändern und Waldwegen, in Parks und Friedhöfen mit altem Baumbestand, an Teichen, Seen und ruhig fließenden Gewässern mit Ufervegetation, an Baumalleen und Hecken, bei Straßenlampen, in naturnahen oder verwilderten Gärten, in geschützten Gartenhöfen, bei Bauernhöfen mit Kuhställen und Mistgruben sowie auf Streuobstwiesen – überall, wo viele Insekten unterwegs sind.

Wer flattert denn da?

Von all unseren Fledermausarten machen es uns vor allem drei besonders leicht, sie in der Luft zu beobachten – und zu erkennen: die relativ weit verbreitete Zwergfledermaus, der stattliche und akrobatisch fliegende Große Abendsegler sowie die über Wasserflächen jagende Wasserfledermaus.

Die **Zwergfledermaus** ist unsere kleinste Fledermaus. Schon kurz nach Sonnenuntergang verlässt sie ihr Tagesschlafversteck, um in schnellem Zickzackflug nach Mücken und kleinen Nachtfaltern zu jagen. Im Schein von Straßenlampen können Sie sie beobachten, ebenso dicht entlang von Gebüschen oder unter überhängenden Zweigen großer Bäume an Waldrändern und in Parks. Die neugierigen „Zwerge" fliegen oft dicht an Menschen heran. Ihre Rufe sind im Detektor bei etwa 45 kHz zu vernehmen. Sie hören sich an wie auf den Boden fallende Perlen.

Der **Große Abendsegler** jagt auf schmalen, langen Flügeln mit ca. 40 cm Spannweite in großräumigem Flug am freien Himmel in und über Baumwipfelhöhe, über Wiesen und Gewässern. Seine Beute sind vor allem Käfer und große Nachtfalter. Den Großen Abendsegler entdecken Sie am besten in Flusslandschaften und Feuchtgebieten mit größeren offenen Wasserflächen. Auch im Luftraum über asphaltierten Parkplätzen oder über Mülldeponien, über denen sich in der erwärmten Luft Insekten sammeln, sind Abendsegler oft schon kurz nach Sonnenuntergang zu beobachten. Gegen den hellen Abendhimmel mag man sie auf den ersten Blick leicht mit noch jagenden Mauerseglern oder Schwalben verwechseln. Abendsegler fliegen schnell und vollführen oft rasante Sturzflüge.

Mit Taschenlampe und Fledermaus-Detektor geht's auf zur spannenden Fledermaus-Exkursion.

Im Fledermausdetektor sind ihre „Plip-Plop"-Rufe auf etwa 20 kHZ zu hören. **Wasserfledermäuse** fliegen in der späten Dämmerung aus ihrem Quartier. Sie jagen längere Zeit in gleichen Runden in wendigem, schnellem Schwirrflug dicht über der Wasserfläche. Hauptsächlich erbeuten sie im Tiefflug Mücken, Schnaken und Fliegen. Durchschnittlich schnappt eine Wasserfledermaus alle 4 Sekunden zu. Die Beute wird oft mit den Füßen oder der Schwanzflughaut von der Wasseroberfläche weggefangen. Bei 42 kHz ist im Detektor das trockene Knattern dieser Art zu hören. Hat die Wasserfledermaus Beute von der Wasseroberfläche genommen, bleiben am „Tatort" kreisrunde Wasserringe zurück. Übrigens: Wenn Sie zum Beobachten von Wasserfledermäusen eine Taschenlampe benutzen, sollten Sie sie mit roter Folie bespannen. Dem Weißlicht weichen die Tiere nämlich aus.

Natur-Tipp

„Hörgeräte" für Fledermausbeobachter

Bei der Jagd stoßen Fledermäuse unentwegt Töne zur Echoortung ihrer Beutetiere aus. Leider liegen diese im Ultraschallbereich, sodass wir Menschen sie nicht hören können. Glücklicherweise gibt es heute aber Fledermausdetektoren. Das sind Geräte, die die Ultraschalllaute in für Menschen hörbare Töne umsetzen. Weil sich die Peillaute jeder Fledermausart anders anhören, sind solche Detektoren gute Hilfsmittel zum Erkennen der Arten.
Übrigens: Die Mitarbeiter von Naturschutzorganisationen, die geführte Fledermaus-Wanderungen anbieten, haben ein solches Gerät in aller Regel dabei. Gehen Sie doch einfach mal mit!

Spannende Stunden im Waldrevier

Obwohl unsere großen Wildarten oft sehr scheu sind, lassen sie sich im Gelände doch recht gut beobachten. Man muss nur wissen, wie man's macht.

Wo?

Am störungsfreisten gelingt die Wildbeobachtung von einem **Hochsitz** aus oder auch von Hang zu Hang. Vor allem auf **großen Freiflächen,** in **lichten Altholzbeständen** und auf weit einsehbaren **Schneisen** hat man oft Erfolg. Doch ohne ausdrückliche Erlaubnis dürfen jagdliche Einrichtungen wie Hochsitze und Pirschpfade außer von den Jagdberechtigten und -pächtern nicht von jedermann genutzt werden. Um Ärger und Gefahren (Jagdbetrieb!) zu vermeiden, sollten Sie vorher um **Erlaubnis** für die Nutzung eines Hochsitzes zur Wildbeobachtung nachfragen. Wer für den von Ihnen ausgewählten Platz zuständig ist, kann über die jeweilige Gemeindeverwaltung erfragt werden.

Um das Wild nicht zu stören, achtet ein Naturfreund außerdem darauf, dass er seinen ausgewählten Beobachtungsplatz **auf befestigten Wegen** erreichen kann.

Wann?

Zeit und Geduld ist gefragt! Bereits etwa 1 ½ Stunden vor dem Eintreffen des zu erwartenden Wildes, bei einem Abendansitz also etwa 1 ½ Stunden vor Sonnenuntergang, sollten Sie Ihren Ansitz erreicht haben. Und denken Sie daran: Handy abschalten, schon beim Anmarsch und erst recht beim Ansitzen!

Kleidung und mehr

Ziehen Sie sich nicht nur wind- und wetterfest, sondern auch **warm** an. Beim langen, nächtlichen Stillsitzen kann es auch im Sommer empfindlich kalt werden. Und wählen Sie Kleidung in **gedeckten Farben** und aus nicht raschelndem Material. Festes, warmes Schuhwerk versteht sich von selbst. Ein Hut mit breiter Krempe beschattet das Gesicht. Wenn Sie einen beschwerlichen Anmarsch zu ihrem Beobachtungsplatz haben, sollten Sie zum Ansitzen das verschwitzte Hemd gegen ein frisches tauschen. Sie glauben ja gar nicht, wie fein der Geruchssinn von Fuchs und Reh ist. Machen Sie aus dem Beobachten eine **Aufgabe!** Was dazu nötig ist?

›› Ein Fernglas, für Abendbeobachtungen ein möglichst lichtstarkes. Im Gebirge leistet ein Spektiv oft bessere Dienste.

›› Ein kleines Notizbuch, um alles Gesehene genau notieren zu können. (Große weiße Papierblätter sind allzu auffällig.) Dazu einen Bleistift, der schreibt bei jedem Wetter.

Einfach beeindruckend: ein röhrender Hirsch.

» Mithilfe einer Uhr mit Sekundenzeiger lassen sich Beobachtungen noch genauer notieren. (Achtung: Eine Stoppuhr klickt zu laut.)

Und dann heißt es warten und ganz still sein.

Hirschbrunft – ein beeindruckendes Naturschauspiel

Wenn Sie im Herbst an einem Brunftplatz ansitzen, haben Sie gute Chancen, ein Schauspiel der besonderen Art zu erleben.

Die älteren Hirsche trennen sich vor der Brunft aus den Männchenrudeln, um sich als „Platzhirsche" zu den Verbänden der Weibchen und Jungtiere zu gesellen. Nähert sich dem Platzhirsch ein Herausforderer, röhren sich beide oft minutenlang an, um danach in einen parallelen Imponiermarsch überzugehen. Dreht sich einer der Kontrahenten um,

starrt den Rivalen an und senkt sein Geweih, geht das Duell in ein echtes Kräftemessen über, zuerst mit Geweihhakeln und Kreisen, schließlich mit einem Schiebekampf. Der Verlierer muss den Turnierplatz fluchtartig verlassen, dem Sieger gehört der „Harem" der Hirschkühe.

Natur-Tipp

Mit dem Förster unterwegs

In vielen Naturschutzgebieten und Nationalparken werden regelmäßig Wildbeobachtungstouren angeboten. Der Förster oder Ranger nimmt seine Gäste z. B. auf einen Hochsitz mit, geht mit ihnen zu Winterfütterungen oder zeigt ihnen die unterschiedlichsten Spuren, die das Wild hinterlassen hat. Infos und Termine für solche Touren finden Sie in den jeweiligen Besucherzentren bzw. auf deren Internet-Seiten.

Europäischer Igel
Erinaceus europaeus · Familie Igel

Unverwechselbar; Stachelkleid ab der Stirn auf Rücken und Flanken; Kopf, Unterseite und Beine mit hell- bis dunkelbraunen Haaren bedeckt.

Etwa 16 000 2–3 cm lange, 1 mm dicke graubraune Stacheln mit hellen Spitzen; KRL 25–30 cm, SL 2–4 cm, G 400–1100 g.
Verbreitung S-, W-, M.- und Teile von N-EU; an der Verbreitungsgrenze (Ostsee bis Adria) Überlappung mit dem Weißbrustigel (s. Karte).
Lebensweise Unterwuchsreiche Laub- und Mischwälder, Waldränder, Feldflur mit Gehölzern, vor allem auch Siedlungsraum mit Gärten, Streuobstwiesen und Parks sind der Lebensraum des E. I. Die wenig scheuen, dämmerungs- und nachtaktiven Tiere werden durch ihr Verteidigungsverhalten (Zusammenrollen zu einer Stachelkugel durch ruckartiges Zusammenziehen ihres Muskelpanzers) leicht zu Opfern des zunehmenden Straßenverkehrs, zumal die

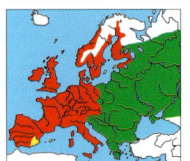

Europ. I. =rot Muskel-
Wander-   kappe
igel=
gelb

Weiß-
brust-
igel=grün

Allesfresser sich besonders gern in Dörfern und Gartenstadtteilen bewegen. Komposthaufen, herumstehendes Katzen- und Hundefutter oder die Nacktschnecken ziehen E. I. an. Sie lassen sich hauptsächlich von ihrem ausgezeichneten Geruchssinn leiten. E. I. bevorzugen für ihre Aktivitäten Temperaturen zwischen 8 und 20 °C. Da mangelnde Feuchtigkeit die Aktivitäten ihrer Wirbellosen-Beute beschränkt, fallen in Trockenperioden v. a. im Mittelmeerraum E. I. in eine Sommerruhe. Nur die ♀ sind während der Fortpflanzungsperiode strikt ortstreu mit Revieren von 3–5 ha. Dagegen wechseln ♂ regelmäßig ihren Lebensraum. Die ♀ haben bis zu 2 Würfe pro Jahr mit jeweils 3–8 Jungen nach einer Tragzeit von 31–37 Tagen.

Wissenswert! Während der Geburt sind die Erstlingsstacheln in die wasserreiche, angeschwollene Haut eingebettet. Als einzige Vertreter der Insektenfresser halten E. I. einen echten Winterschlaf in einem ausgepolsterten Nest unter einem Versteck. Die volkstümlichen Bezeichnungen Hunds- und Schweinsigel beschreiben nicht zwei verschiedene Arten, sondern den unterschiedlichen Ernährungszustand vor und nach dem Winterschlaf.

Ähnlich **Wanderigel** *Atelerix algirus* (ohne Bild), sehr ähnlich dem E. I., aber etwas kleiner, Stacheln dünner, auf der Stirn gescheitelt; Unterseite heller, Körperseiten dunkelbraun; große, lange Ohren, längere Schnurrhaare; lebt in Siedlungsnähe und in Hecken bis Halbwüsten; Südrand der Iberischen Halbinsel, Malta, Balearen, NW-Afrika; in S-Frankreich ausgestorben. *Auf Verbreitungskarte gelb!*

Weißbrustigel, Ostigel *Erinaceus concolor* (Foto S. 25 u. l.), weiße Kehle und Brust; O- und SO-EU, überlappt sich in NO-Italien, W-Slowenien, Österreich, Tschechien, Polen und N-Russland mit dem E. I. Auf Verbreitungskarte grün!

Langohrigel *Hemiechinus auritus* (Foto unten), besonders große u. bewegliche Ohren; in Wüsten, Steppen und steinigen Halbtrockengebieten von Asien, westl. bis zum Asowschen Meer; im südl. Kaukasus und auf Zypern nachgewiesen.

Igellosung

dunkelbraune Form

Jungigel

Nest

Europäischer Igel zusammengerollt
Weißbrustigel (Bild unten links)

Alpenspitzmaus
Sorex alpinus · Familie Spitzmäuse

Mittelgroß, gleichmäßig schiefergrau mit hellerer Bauchseite, Füße und Ohren mit weißen Härchen bedeckt, rosa wirkend.
Von gleich großer Waldspitzmaus durch grazileren Körperbau und sehr langen Schwanz unterscheidbar; Zähne mit dunkelroten Spitzen. KRL 6,2–8,7 cm, SL 6–7,6 cm, G 5–11 g. **Verbreitung** Nur in EU.

Lebensweise Trotz ihres Namens ist die A. nicht an höhere Lagen gebunden. Sie lebt v. a. in feuchtkühlen Zwischenräume von Steinen und Felsspalten, in denen sie auf Wirbellose Jagd macht. Anders als die übrigen *Sorex*-Arten vermehren sich A. schon im 1. Jahr. Pro Wurf 3–9 Junge. **RL**

Waldspitzmaus
Sorex araneus · Familie Spitzmäuse

Mittelgroß; Oberseite dunkelbraun, Flanken heller, Bauch weißlich grau.
KRL 6,6–8,8 cm, SL 3–5,7 cm, G 7–13 g. **Verbreitung** In M.-EU häufigste Spitzmaus. **Lebensweise** Sehr anpassungsfähig, kommt in Wäldern, Sümpfen, Gras, Hecken, Feldern, Siedlungsgebieten und Gebirgen (bis in 2000 m) vor. Einzelgängerisch, tag- und nachtaktiv, bewohnt häufig verlassene Wühlmaus- und Maulwurfsgänge.

Wissenswert! Der hohe tägliche Nahrungsbedarf entspricht etwa 2000 kleinen Käfern von 5 mm Länge!
Zeichg. ⇨ Umschlag *Ähnl. Arten:* ⇨ S. 184.

Zwergspitzmaus
Sorex minutus · Familie Spitzmäuse

Ähnlich der Waldsp., aber viel kleiner; Rücken und Flanken graubraun, Bauchseite grauweiß, Schwanzoberseite braun, -unterseite weißlich.
KRL 4,2–6,2 cm, SL 3,3,–4,6 cm, G 2,5–6 g **Verbreitung** In EU und N-Asien bis zum Baikalsee und Himalaja. **Lebensweise** Z. leben nur 1,5 Jahre, pflanzen sich im 2. Jahr fort. Sie zeigen nur wenig Grabtätigkeit. V. a. Spinnen und Käfer werden gejagt. Z. besetzen oft dreimal größere Territorien als Waldspitzm.

Wissenswert! Wie die Waldspitzm. zeigt die Z. im Winter eine Größen- und Gewichtsreduktion, bei der Organe, Wirbel und sogar die Schädelkapsel kleiner werden.

Schabrackenspitzmaus
Sorex coronatus · Familie Spitzmäuse

Sehr ähnlich der Waldspitzmaus, jedoch etwas kleinerer Körper und längerer Schwanz; dunkler Rücken, zu den hellen Flanken kontrastierend (Schabracke!).
Schabracke bei S. in der Schweiz oft fehlend; KRL 6,8–8 cm, SL 3,8–5,7 cm, G 6–12 g. **Verbreitung** Nur in EU, von N-Spanien über Frankreich bis in die Niederlande und D.

Lebensweise S. bevorzugen eine bodendeckende Pflanzenschicht. Ihre Lebensansprüche gleichen weitgehend denen der Waldspitzm. S. breiten sich offenbar in östlicher Richtung aus, verdrängen dabei die Waldsp. *Ähnliche Art:* ⇨ S. 184

Alpenspitzmaus

Waldspitzmaus

Zwergspitzmaus

helle Flanken

Schabrackenspitzmaus

Wasserspitzmaus
Neomys fodiens · Familie Spitzmäuse

Verhältnismäßig groß; Fell dicht, samtartig; zweifarbig mit schiefergrauer bis schwarzer Oberseite und weißem Bauch; Ohren fast vollständig im Fell verborgen.

Als Anpassung an das Wasserleben eine Reihe harter Härchen an der Schwanzunterseite, die eine Art Ruder bilden; am Außenrand der relativ großen Füße ebenfalls ein weißlicher Schwimmborstensaum (kleine Fotos). KRL 7–9,6 cm, SL 4,6–7,7 cm, G 10–22 g.

Verbreitung M.- und N-EU, von N-Spanien mit Ausnahme des Balkans ostwärts bis zum Baikalsee.

Lebensweise W. leben an und im Wasser. Ein Großteil der Nahrung (Wasserinsekten, Larven, Würmer, Schnecken, kleine Krebse, junge Fische, Frösche, Molche, Kleinsäuger) wird schwimmend und tauchend erbeutet (Tauchtiefe bis zu 50 cm, Tauchlänge bis zu 24 Sekunden). Die tag- und nachtaktiven Tiere gehen alle 2–3 Stunden auf Jagd, ruhen dazwischen in selbstgegrabenen Bauen oder ufernahen Maulwurfs- oder Mäusegängen. Ihre Gangsysteme und Baue weisen immer einen Ausgang zum Wasser auf.

Wissenswert! Ausgefressene Schneckenhäuser und Ansammlungen von Fischgräten am Ufer verraten die Anwesenheit der W. Die Tiere tragen auch Beutetiere als Vorrat in Verstecke ein.

W. sind sehr stimmfreudig und geben zwitschernde und trillernde Laute von sich. Ihre Paarungszeit beginnt Ende Feb und dauert bis Aug/Sep. Die Paarungsspiele finden im Wasser statt. Außer bei der Paarung sind W. untereinander sehr aggressiv. Schon mit Beginn der Entwöhnung besetzen und verteidigen die Jungen ein eigenes Territorium. Wie auch andere Spitzmäuse (⇨ S. 26) können W. durch eine zeitlich befristete Größeneinbuße während der schlechten Jahreszeit ihren Nahrungsbedarf verringern.

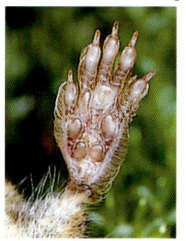

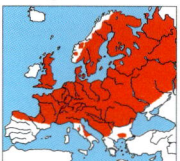

stets ein Ausgang unter Wasser

Sumpfspitzmaus
Neomys anomalus · Familie Spitzmäuse

Sehr ähnlich der Wassersp., aber etwas kleiner, Schwanz rund und kürzer; Fell immer zweifarbig, oben dunkel, unterseits weißlich.

Geringere Anpassungen ans Wasserleben: Der Schwimmborstensaum am Schwanz und an den kleinen Hinterfüßen ist lediglich angedeutet. KRL 6,4–8,8 cm, SL 4,2–6,4 cm, G 8–16 g.

Verbreitung Von Spanien bis Ukraine, Balkan und Kleinasien in isolierten Teilarealen.

Lebensweise Die S. lebt ähnlich wie die Wassersp., allerdings weniger ans Wasser gebunden. Ungefähr 50 % ihrer Nahrung bestehen aus wirbellosen Wassertieren, die sie tauchend erbeutet.

Wissenswert! S. stellen wahrscheinlich die ursprüngliche Form dar, aus der die Wassersp. als spezialisiertere Art hervorging. **RL**

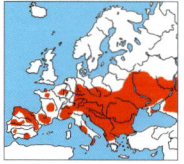

Sumpfsp.

Wassersp.

Steifhaarkiel

Schwanz mit Borstensaum

Schwimm-
borstensaum
am Fuß-
außenrand

Wasserspitzmaus

Sumpfspitzmaus

Feldspitzmaus
Crocidura leucodon · Familie Spitzmäuse

Mittelgroß; im Allgemeinen von anderen Arten der Gattung *Crocidura* durch ihr zweifarbiges Fell unterscheidbar.

Oberseite dunkel graubraun bis schiefergrau, Unterseite weißlich grau, von der Oberseite scharf abgesetzt; Schwanz etwas kürzer als bei Hausp., zweifarbig mit einzeln stehenden, langen Wimperhaaren, oberseits dunkelgrau, unten weiß; Ohrmuscheln deutlich aus dem Fell ragend. KRL 6,4–8,7 cm, SL 2,8–4,1 cm, G 6–13 g.
Verbreitung Von Frankreich ostwärts bis Vorderer Orient, nördliche Verbreitungsgrenze in M.-EU.
Lebensweise Ähnlich der Hausspitzmaus;

trockene, sonnige Biotope, auch in Ortslagen, im Winter auch in Gebäuden; Paarungszeit Mär-Sep. **RL**
Ähnl. Arten:⇨ S. 184.

Hausspitzmaus
Crocidura russula · Familie Spitzmäuse

Mittelgroß; Schwanz mit einzelnen, lang abstehenden Haaren; Ohren äußerlich gut sichtbar.

Oberseite grau- bis rotbraun mit silbrigem Schimmer, Unterseite viel heller, aber ohne scharfe Farbabgrenzung; KRL 6,1–8,6 cm, SL 3–4,6 cm, G 6–14 g.
Verbreitung W- und M.-EU, NW-Afrika.
Lebensweise Ausgesprochener Kulturfolger; zumindest im Herbst und Winter bevorzugt in Siedlungen, auch ganzjährig in Ställen, Scheunen, Häusern; im Mittelmeerraum in Buschwäldern und Weinbergen.
Wissenswert! H. haben relativ kleine Streifgebiete von 50–400 qm und sind im

Winter ausgesprochen verträglich; gelegentlich sind ganze Gruppen in einem Nest anzutreffen.
Ähnl. Arten:⇨ S. 184.

Gartenspitzmaus
Crocidura suaveolens · Familie Spitzmäuse

Sehr ähnlich der Hausspitzmaus, aber geringere Körpermasse.

KRL nur 5,1–7,7 cm, SL 2,7–4,4 cm, G 3–8 g.
Verbreitung SW- und M.-EU bis S-Polen, SO-EU bis mittleres Asien.
Lebensweise Bevorzugt wärmebegünstigte Gebiete, häufig im offenen Flachland, in Brachland, Gärten, Hecken und Siedlungen, im Winter auch in Gebäuden.
Wissenswert! Wie bei der Feldsp. ist auch bei der G. eine „Karawanenbildung" nachgewiesen: Bei Beunruhigung versuchen die Jungen durch Festbeißen in der Schwanzwurzel des ♀ mit zu flüchten. Während die Unterfamilie der *Soricinae* mit den Gat-

tungen *Sorex* und *Neomys* rote Zahnspitzen haben, sind die *Crocidurinae* (Weißzahn- oder Wimperspitzmäuse) weißzähnig. **RL**

Wimper- oder Etruskerspitzmaus
Suncus etruscus · Familie Spitzmäuse

Sehr klein; dunkle Oberseite, unten heller, schwarzbrauner Schwanz mit langen Wimperhaaren.

KRL 3,5–5,3 cm, SL 2,4–2,9 cm, G 1,5–2,2 g.
Verbreitung In EU nur im Mittelmeergebiet; Kleinasien bis Afghanistan, N-Afrika.
Lebensweise In Kulturland mit Weinbergen, Olivenhainen und Gärten. Die überwiegend nachtaktiven W. können gut klettern und fressen v. a. Insekten und Larven.
Wissenswert! Die W. ist das kleinste Säugetier in EU und (neben der thailändischen Hummelfledermaus) eines der kleinsten der Welt. Das Geburtsgewicht

der Jungen beträgt gerade mal 0,18–0,22 g. Bei plötzlichen Kälteeinbrüchen können W. für mehrere Stunden in Lethargie fallen.

Feldspitzmaus oben: mit nackten Jungen; unten: Jungtier

Hausspitzmaus

Gartenspitzmaus

Wimper- oder Etruskerspitzmaus

Maulwurf
Talpa europaea · Familie Maulwürfe

Walzenförmiger Körper, kurze, kräftige Vorder- und Hinterfüße; Vorderfüße zu „Grabschaufeln" umgebildet; Schnauze rüsselartig verlängert, winzige Augen, Ohrmuscheln fehlen.

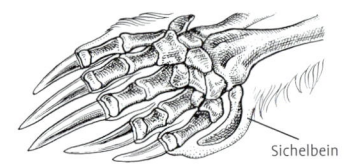

Sichelbein

Von allen heimischen Säugern am perfektesten an ein Leben unter der Erde angepasst; dichtes, samtartiges Fell, Haarstruktur und -wuchs verhindern Durchnässung; fehlender Haarstrich erleichtert das Rückwärtsgehen in Gängen. KRL 11–16 cm, SL 2–4,2 cm, G 60–130 g.
Verbreitung Eurasien von Großbritannien bis Sibirien.
Lebensweise Weil M. ihre eigenen Gangsysteme graben, in denen sie leben und mithilfe ihres ausgezeichneten Geruchs- und Tastsinns nach Nahrung (v. a. Regenwürmer, aber auch Insekten, Larven, Tausendfüßer, Schnecken) suchen, hängt ihr Vorkommen von der Bodenbeschaffenheit ab (locker, feucht). Die strikten Einzelgänger treffen sich nur zur Paarungszeit (Apr–Jun), wobei sich ♂ erbittert bekämpfen. M. können auch gut schwimmen.
Wissenswert! Das Aushubmaterial ihrer Gänge werfen M. zu Maulwurfshaufen (ca. 10–20 cm groß) auf. Deren Lage zeigt den Verlauf der Gänge (meist in 5–50 cm Tiefe), die weit verzweigt und bis zu 200 m lang sein können. Unter großen Hügeln befinden sich die Sommernester, in denen die jeweils 2–9 nackten, blinden, nur etwa bohnengroßen Jungen geboren werden. Unter sehr großen Hügeln (80–100 cm) liegen die Winterburgen mit dem Nest und mehreren Vorratskammern. In letzteren lagern als Wintervorrat große Mengen an Regenwürmern, die vom M. durch einen Biss bewegungsunfähig gemacht wurden.
Ähnliche Arten: ⇨ S. 184.

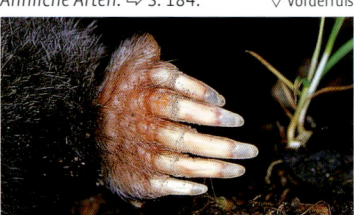

▽ Vorderfuß

Pyrenäendesman
Galemys pyrenaicus · Familie Maulwürfe

Maulwurfsgroß, an eine große Spitzmaus erinnernd; dichtes, oben dunkelgraues Fell mit metallischem Schimmer.

Nackte, rüsselartige, sehr bewegliche Nase mit verschließbaren Nasenlöchern; langer Ruderschwanz; sehr große Hinterfüße mit Schwimmhäuten, Schwimmborsten an allen vier Extremitäten; KRL 9,7–13,5 cm, SL 13–15,5 cm, G 35–80 g.
Verbreitung Portugal, Spanien, Pyrenäen.
Lebensweise Die ungeselligen, vorwiegend nachtaktiven Tiere jagen schwimmend und tauchend nach Insekten, Schnecken, Würmern und kleinen Wirbeltieren (Fischchen). Beim Schwimmen legen sie die kurzen Vorderfüße an, während die Hinterfüße rudern und der Schwanz kräftig schlängelt. P. bauen Höhlungen am Ufer zu Gangsystemen aus.
Ähnliche Art: ⇨ S. 184.

Pyrenäendesman

Maulwurf

Maulwurf

Maulwurfshaufen

Nase
rüsselartig

Pyrenäendesman

Rotnackenwallaby

Macropus rufogriseus · Familie Eigentliche Kängurus

Etwas größer als ein Feldhase, typische Kängurugestalt; hüpfende Fortbewegung auf kräftigen Hinterbeinen; Unterart mit auffallend rotbrauner Nackenregion, sonst graubraun.

Langer Schwanz, sich zur Spitze hin verjüngend, dichtes Fell; sehr bewegliche Ohren. KRL ♂ 70–90 cm, ♀ 65–85 cm, SL ♂ 69–85 cm, ♀ 60–80 cm, SH ca. 75–80 cm, G ♂ 15–25 kg, ♀ 11–15 kg.

Verbreitung Australien, Tasmanien; in EU eingebürgert, hier derzeit einzige freilebende Kolonie in England.

Lebensweise R. leben in Gebüsch- und Waldgebieten. Die überwiegend dämmerungs- und nachtaktiven Tiere sind vorwiegend Einzelgänger, die keine dauerhaften Verbände bilden. Selbst wenn bis zu 30 Tiere sich an einem Fleck aufhalten, fliehen sie bei Gefahren (im natürlichen Verbreitungsgebiet ist der Dingo ihr Fressfeind) in alle Richtungen. Männliche Jungtiere bleiben über die Entwöhnung hinaus noch bis ins nächste Jahr mit der Mutter zusammen, während die Töchter früher selbstständig werden. Miteinander verwandte ♀ bilden oft „Clans" mit gemeinsamen Nahrungsgebieten. So können sich bei der Suche nach Gräsern und Kräutern mehrere R. treffen. Die größten, vorherrschenden ♂ besitzen dagegen Teile ihres Streifgebiets allein und beanspruchen darin ihr Paarungsvorrecht.

Nach einer Tragzeit von nur 30 Tagen kommt jeweils 1 winziges Junges zur Welt, dessen Geburtsgewicht weniger als 1 g beträgt. Gleich nach der Geburt kriecht es in den Beutel der Mutter, wo es sich an einer Zitze festsaugt. Die Beuteltragzeit dauert rund 280 Tage.

Wissenswert! 1887 setzte Freiherr Philipp v. Böselager 5 Tiere in einem 500 ha großen

Wald bei Heimerzheim, Kreis Bonn, aus. Die Gruppe wuchs bis 1893 auf 35–40 Tiere an. Doch als innerhalb kurzer Zeit die beiden die Kängurus betreuenden Förster starben, schossen Wilderer 1893 die meisten Tiere an den Futterplätzen ab. Einzelne Kängurus wanderten jedoch in den Kottenforst bei Bonn und bis Kelberg in der Eifel ab. Aber schon 1895 war der Bestand völlig ausgerottet. Weitere Einbürgerungsversuche sind 1889 für Altdöbern, Kreis Calau, Frankfurt/Oder und die Kanalinsel Herm (1,3 qkm) belegt. Während die Tiere auf Herm von englischen Besatzungssoldaten im 1. Weltkrieg verspeist wurden, ließ der Besitzer der Altdöberner Kängurus, Graf Witzleben, die Tiere wieder vernichten, weil die „springenden Spukgestalten" und „hopsenden Riesenflöhe" sein anderes Wild, vor allem Rehe, angeblich vergrämten. Von den Kängurus der Kanalinsel stammten diejenigen Tiere ab, die sich auf der Fürst Blücherschen Herrschaft Krieblowitz (Blüchersruh) in Schlesien bis 1910 auf 60–70 Exemplare vermehrten und in der Revolutionszeit gewildert wurden. 6 im Frühjahr 1910 auf dem Kühkopf bei Oppenheim/Hessen ausgesetzte Tiere gingen im nasskalten Herbst des gleichen Jahres wieder ein. Somit sind alle Einbürgerungsversuche des R. auf dem europäischen Festland letztendlich fehlgeschlagen. Die einzige freilebende R.-Kolonie in EU besteht derzeit bei Horsham in England. Sie geht auf Parkflüchtlinge zurück.

Bezüglich seiner Ernährungsgewohnheiten ist das R. mit Feldhase und Reh vergleichbar, passt sich jedoch schlecht den europäischen Bedingungen an und wird häufig Verkehrsopfer.

R. säubert seinen Beutel.

Weibchen
mit Jungem
im Beutel

Weibchen
mit Jungem
am Beutel

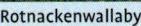
Rotnackenwallaby

Große Hufeisennase
Rhinolophus ferrumequinum · Familie Hufeisennasen

Größte europäische Hufeisennase; oberer Sattelfortsatz des Nasenblatts kurz, abgerundet, unterer im Profil spitz. Flug langsam und schmetterlingsartig.

Weiches, lockeres Fell, Oberseite graubraun oder rauchgrau, z. T. rötlich getönt, unten heller; Jungtiere mehr aschgrau; KRL 5,7–7,1 cm, SL 3,5–4,3 cm, UL 5,4–6,1 cm, FS 35–40 cm, G 17–34 g.

Verbreitung S-EU, N-Afrika; nördlichstes Vorkommen in England bis zum 51. Breitengrad, in W-EU bis zum 50. Grad; im N nur noch inselartig.

Lebensweise G. H. leben in Gebieten mit lockerem Baum- und Buschbestand und Gewässern; im S Quartiere überwiegend in Höhlen, im N im Sommer (Wochenstuben) in Gebäuden. Das ♀ bekommt nach einer Tragzeit von etwa 75 Tagen in der Regel nur 1 Junges (Geburtsgewicht 5–6 g). G. H. fliegen erst bei Dunkelheit aus. Von einem Ansitz aus am Boden fangen sie große Käfer, Falter, Zwei- und Hautflügler, Köcherfliegen und Spinnen. Zwischen den Sommer- und Winterquartieren finden nur kurze Wanderungen (20–30 km) statt. **RL, §§**

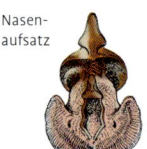

Nasen-aufsatz

Der Nasenaufsatz dient als Schalltrichter für die Peilrufe.

Kleine Hufeisennase
Rhinolophus hipposideros · Familie Hufeisennasen

Kleinste europäische Hufeisennase; Mittelkiel des Nasenaufsatzes von unten nach oben zugespitzt (Aufsicht); niedrig schwirrender Flug (bis 5 m Höhe).

Lockeres, weiches Fell; Haarbasis hellgrau, Oberseite bräunlich, Unterseite grau; Jungtiere dunkelgrau gefärbt. KRL 3,7–4,5 cm, SL 2,3–3,3 cm, UL 3,7–4,25 cm, FS 19,2–25,4 cm, G 5,6–9 g.

Verbreitung Am weitesten nach N verbreitete Hufeisennase, aber insbesondere an der nördlichen Verbreitungsgrenze sind starke Rückgänge zu verzeichnen, dort heute zum Teil nur noch isolierte Populationen.

Lebensweise K. H. leben in wärmebegünstigten Gebieten (z. B. Karstgebiete). Sie jagen kleine Insekten oder nehmen diese ebenso wie Spinnen vom Boden auf. Im N finden sich ihre Sommerquartiere in Gebäuden, meist auf warmen Dachböden. Die Wochenstuben-Quartiere können hell, müssen aber zugluftfrei sein. Als Winterquartiere dienen Höhlen, Stollen oder Keller. Dort hängen K. H. immer auf Distanz zum Nachbarn und hüllen sich im Winterschlaf völlig in ihre Flughäute ein. **RL, §§**

Nasen-aufsatz

Als Sommerquartier suchen sich K. H. gern warme Dachböden, wo sie am liebsten in Schornsteinnähe hängen.

Winterschlaf

Große Hufeisennase rechtes Bild: im Winterquartier hängend, fast vollständig in die Flughäute eingehüllt

Winterschlaf

Kleine Hufeisennase links: mit einem Jungen, das sich an der Haftzitze festsaugt; rechts: im Winterquartier

Mittelmeer-Hufeisennase
Rhinolophus euryale · Familie Hufeisennasen

Mittelgroße Fledermaus; oberer Sattelfortsatz des Nasenaufsatzes spitz, etwas nach unten gekrümmt, länger als der untere; langsam gaukelnder Flug, auch Rüttelflug, sehr wendig.

Ohren und Flughäute hellgrau; lockeres Fell, Haarbasis hellgrau, oberseits graubraun mit leicht rötlicher oder lila Tönung; Unterseite weißlich, Farbgrenze unscharf; „Hufeisen" hellbräunlich; Jungtiere mehr grau. KRL 4,3–5,8 cm, SL 2,2–3 cm, UL 4,3–5,1 cm, FS 30–32 cm, G 8–17,5 g.
Verbreitung Gewöhnlich nicht nördlich des 47. Breitengrads; im Mittelmeerraum, isoliertes Vorkommen in der Slowakei.

 Nasen-aufsatz

Lebensweise Lebt in warmen, waldreichen Gebieten, im Gebirgsvorland und Gebirge, bevorzugt in Karstgebieten mit vielen Höhlen und in Gewässernähe; ortstreu, nur geringe Wanderneigung; ausgesprochene Höhlenfledermaus, im N selten auch auf warmen Dachböden; gesellig lebend, Quartiere oft mit anderen Arten teilend (Hufeisenn., Langflügel-, Wimperfl.). Fliegt in der späten Dämmerung aus; jagt niedrig an warmen Hängen und im Blattwerk Nachtfalter und andere Insekten; sucht oft feste Fraßplätze auf. In Wochenstuben bis zu 400 ♀, z. T. mit ♂, in Winterquartieren bis zu 2000 Tiere.
Wissenswert! Sämtliche Hufeisennasen senden ihre im Kehlkopf erzeugten, der Orientierung ebenso wie dem Beuteerkennen dienenden Ultraschallaute über die Nase aus, wobei die kompliziert geformten Nasenaufsätze als eine Art Schalltrichter fungieren.

Blasius-Hufeisennase
Rhinolophus blasii · Familie Hufeisennasen

Breites, fleischfarbenes „Hufeisen", Ohren und Flughäute hellgrau; lockeres Fell, sehr helle, fast weiße Haarbasis.

Mittelgroß; Oberseite graubraun, z. T. leicht lila getönt, von fast weißer oder leicht gelblich getönter Unterseite scharf abgegrenzt; kaum vorhandene dunkle „Brille" um die Augen; Nasenaufsatz mit spitzem Mittelkiel. KRL 46,5–54 cm, SL 2,5–3 cm, UL 4,5–4,8 cm, FS 22–31 cm, G 12–16,5 g.
Verbreitung Im östlichen Mittelmeerraum, dort gemeinsam mit Mittelmeer-H., aber nicht so weit nach N vorkommend.
Lebensweise Bewohnt warme Karstgebiete mit lockerem Baum- und Strauchbestand; Sommer-

 (bis zu 300 ♀) und Winterquartiere (bis zu 2000 Tiere) in Höhlen; jagt ähnlich wie die Mittelmeer-H.

Mehelys Hufeisennase
Rhinolophus mehelyi · Familie Hufeisennasen

Hufeisen und Lippen blass fleischfarben, auffällige „Brille" aus graubraunen Haaren um die Augen.

Mittelgroß; „Hufeisen", Ohren und Flughäute graubraun; dichtes Fell, Oberseite graubraun, Unterseite fast weiß mit scharfer Farbgrenze; KRL 5,5–6,4 cm, SL 2,4–2,9 cm, UL 5–5,5 cm, FS um 33–34 cm, G 10–18 g.
Verbreitung Im Mittelmeerraum verbreitet, aber nicht so weit nach N wie Mittelmeer-H.
Lebensweise Sommer- und Winterquartiere in Höhlen von Karstgebieten, z. T. gemeinsam mit anderen Hufeisennasen, Kleinem Mausohr und Langflügelfledermäusen; jagt in langsamem, wendigem

 Flug dicht über dem Boden nach Nachtfaltern und anderen Insekten, kann wohl auch Beute vom Boden aufnehmen.

Mittelmeer-Hufeisennase

Blasius-Hufeisennase

Mehelys Hufeisennase

Großes Mausohr
Myotis myotis · Familie Glattnasen

Größte in D heimische Fledermausart; kurze, breite Schnauze, Ohren lang und breit; Ohrdeckel (Tragus) an der Basis breit; bei der Jagd typischer bodennaher Suchflug.

Dichtes, kurzes Fell, Haarbasis schwarzbraun, Oberseite hell graubraun, z. T. mit rostbraunem Anflug, Unterseite weißgrau; Schnauze, Ohren und Flughäute braungrau; Jungtiere rauchgrau. KRL 6,7–7,9 cm, SL 4,5–6 cm, UL 5,4–6,7 cm, FS 35–43 cm, G 28–40 g.

Verbreitung M.- und S-EU; nördlichstes Winterquartier auf Rügen; in Polen bis zur Ostseeküste, Einzelfunde in S-Schweden.

Lebensweise Die wärmeliebenden M. bevorzugen klimatisch begünstigte Gebiete wie Täler mit Wäldern, Weiden und traditioneller Landwirtschaft. Sommerquartiere (Wochenstuben) liegen im N des Verbreitungsgebiets auf warmen Dachböden und Kirchtürmen, auch in Brücken, im S in Höhlen. Kolonien bestehen aus bis zu 2000 ♀, wobei ein Individuenaustausch zwischen benachbarten Kolonien stattfinden kann. Die ♂ leben im Sommer meist einzeln und schlafen in Spaltenquartieren auf Dachböden, auch in Baumhöhlen oder Nistkästen. Nach einer Tragzeit von 50–70 Tagen (abhängig von Umgebungstemperatur und Ernährung) bekommen die ♀ meist 1 Junges. Wenn die Mütter zum Jagen ausfliegen, bleiben die Jungen wie bei allen insektenfressenden Arten im Quartier zurück.

Wissenswert! Da sich jagende M. regelmäßig über 10 km vom Schlafplatz entfernen, werden von einer M.-Kolonie sehr große Landschaftsräume genutzt. Überwiegend jagen M. in Waldgebieten mit geringer oder fehlender Strauch- und Krautschicht, gelegentlich auch über abgemähten Wiesen. An solchen Plätzen können sie Laufkäfer, ihre Hauptnahrung, am leichtesten orten und erbeuten. Die Winterquartiere (in Höhlen) liegen bis über 100 km von den Sommerquartieren entfernt. **RL, §§**

Ohr mit 7–8 Querfalten

Kleines Mausohr
Myotis blythii · Familie Glattnasen

Sehr ähnlich dem Großen M., nur etwas kleiner; Ohren und Ohrdeckel schmal.

Oberseite grau, bräunlich getönt, Unterseite grauweiß, Tiere in der Schweiz meist mit hellem Fleck zwischen den Ohren. KRL 6,2–7,1 cm, SL 5,3–5,9 cm, UL 5,25–

5,9 cm, FS 38–40 cm, G 15–28 g.

Verbreitung Vorkommen bis wenige km südlich des Bodensees, vielleicht auch im S von D.

Lebensweise Bewohnt wärmebegünstigte Gebiete mit lockerem Gehölzbestand, Karstgebiete, trockene Grassteppen, Parks, auch Ortschaften; kann neben Großem M. vorkommen und sogar gemischte Kolonien mit ihm bilden; Sommerquartiere in warmen Höhlen oder Dachböden.

Wissenswert! K. M. fliegen erst bei später Dämmerung oder im Dunkeln zum Jagen aus. Ihr Flug ist langsam und wendiger als der des Großen M. Ihre Beute, große Insekten, jagen sie meist über dichten Grasflächen oder lesen sie von Zweigen ab.

Winterschlaf

Großes Mausohr oben links: Wochenstubenkolonie; oben rechts: ausfliegend

heller Stirnfleck

Kleines Mausohr

Teichfledermaus

Myotis dasycneme · Familie Glattnasen

Mittelgroße Art mit großen Füßen; ähnlich Wasserflederm., aber größer; kurze, rotbraune Schnauze; Ohrdeckel (Tragus) kürzer als halbe Ohrlänge.

Schwanzflughaut auf der Oberseite nackt, auf der Unterseite entlang der Unterschenkel mit feiner weißer Behaarung; dichtes Fell, Haarbasis schwarzbraun; Körperoberseite bräunlich oder fahl graubraun mit seidigem Glanz, Unterseite weißgrau bis gelblich grau, Farbgrenze ziemlich scharf; graubraune Ohren und Flughäute; Armflughaut setzt an der Ferse an; Füße mit langen Borsten besetzt; Jungtiere insgesamt dunkler gefärbt. KRL 5,7–6,7 cm, SL 4,6–5,1 cm,

UL 4,3–4,92 cm, FS 20–30 cm, G 14–20 g.
Verbreitung M.- und O-EU, etwa zwischen dem 48. und dem 60. Breitengrad.

Lebensweise Hält sich im Sommer in gewässerreichen Gebieten im Tiefland auf, jagt vorwiegend über größeren Wasserflächen (Seen, Kanäle, breite Fließgewässer), wobei die Aktionsradien der Tiere fast 10 km betragen; im Winter auch im Mittelgebirgsvorland; Winterquartiere v. a. in Höhlen, Stollen, Bunkern und Eiskellern, in denen die Tiere frei an Wänden und Decken hängend oder in Spalten eingezwängt Winterschlaf halten; Nachweise von Wochenstuben bisher nur aus Gebäuden (häufig im Firstbereich von Dächern); saisonale Wanderungen meist über 100 km weit.

Wissenswert! T. jagen in schnellem, gewandtem Flug in 10–60 cm Höhe über dem Wasser z. B. nach Zuckmücken und Köcherfliegen, aber auch nach Faltern und Käfern. Nachdem sich in ihren Mägen ebenso Zuckmückenlarven finden, müssen T. wohl in der Lage sein, diese von der Wasseroberfläche aufzunehmen. **RL, §§**

Wasserfledermaus

Myotis daubentonii · Familie Glattnasen

Mittelgroße bis kleine Art mit rötlich braunem Gesicht (Schnauze) und auffällig großen Füßen mit langen Borsten; Schwanz und Ohren relativ kurz.

Lockeres Fell, braungrau; Unterseite silbergrau, meist scharf von der Oberseite abgegrenzt; Jungtiere grauer. KRL 4,5–5,5 cm, SL 3,1–4,45 cm, UL 3,5–4,17 cm, FS 24–27,5 cm, G 7–15 g.
Verbreitung Fast ganz EU, nordwärts etwa bis zum 63. Breitengrad.
Lebensweise Meist im Flachland, dort in Wäldern und Parks (Waldfledermaus), gern in Gewässernähe. Saisonale Wanderungen meist unter 100 km; Winterquartiere in

4 Querfalten

Höhlen, Stollen, Bunkern und Kellern; Sommerquartiere (Wochenstuben) in Baumhöhlen, auch in Spalten auf Dachböden oder in Mauern und hinter Fensterläden. Einzeltiere im Sommer auch in Spalten von Brücken.

Wissenswert! Ende Aug/Anfang Sep sind in großen Winterquartieren oft zahlreiche Aktivitäten („Schwärmen") zu beobachten (Quartiererkundung). In den Wochenstuben von meist 20–50 ♀ werden ab Mitte Juni die Jungen geboren, wobei Baumhöhlenquartiere etwa alle 2–3 Tage mit den Jungen gewechselt werden (Hygiene/Feindvermeidung). W. fliegen auf festen Flugrouten in ihre Jagdgebiete, wo sie dicht über dem Wasser oder bis in 5 m Höhe vorwiegend Zweiflügler, Zuckmücken, Köcherfliegen, Netzflügler und Schmetterlinge erbeuten. Sie können mit Hinterfüßen und Schwanzflughaut auch Beute (einschließlich kleiner Fische) von der Wasseroberfläche aufnehmen. **§§**

kurzer Ohrdeckel

Teichfledermaus

große Füße

Wasserfledermaus

Fransenfledermaus
Myotis nattereri · Familie Glattnasen

Mittelgroße Fledermaus; Hinterrand der Schwanzflughaut mit gekrümmten, steifen Haaren („Fransen"); relativ lange Ohren, spitzer Ohrdeckel (Tragus); langes, lockeres Fell.
Dunkelgraue Haarbasis; Oberseite hellgrau, Unterseite hell weißgrau; Jungtiere dunkler grau. KRL 4,2–5 cm, SL 3,8–4,7 cm, UL 3,7–4,3 cm, FS 24,5–28 cm, G 5–12 g.
Verbreitung Fast ganz EU, im N bis etwa zum 60. Breitengrad.
Lebensweise Waldfledermaus in Wäldern und Parks mit Gewässern und Feuchtgebieten, auch in Ortschaften. Sommerquartier (Wochenstuben) sowohl in Baumhöhlen und Fledermauskästen als auch in Spalten an und in Gebäuden. Winterquartiere in Stollen, Höhlen und Kellern; dort meist in enge Spalten gezwängt. F. fliegen erst in der späten Dämmerung aus, um dann mit langsamem, z. T. schwirrendem Flügelschlag, teilweise auch im Rüttelflug, Beutetiere (Spinnen, Zweiflügler, auch tagaktive Fliegen, Schmetterlinge, Käfer) vom Substrat abzulesen.
Wissenswert! Neuerdings wurden in Kuhställen Wochenstuben der F. entdeckt. Die Tiere gehen dort hauptsächlich auf Fliegenjagd und brauchen ihr Quartier kaum zu verlassen. **RL, §§**

5–6 Querfalten

Wimperfledermaus
Myotis emarginatus · Familie Glattnasen

Mittelgroß; Rand der Schwanzflughaut mit „Wimpern"; Fell wollig, lang, locker; Haare oberseits dreifarbig: Basis grau, Mitte strohgelb, Spitzen rostbraun bis fuchsrot.
Unterseite gelblich grau; Schnauze rotbraun, Ohren und Flughäute dunkel graubraun; Jungtiere ohne rötliche Töne, wesentlich dunkler rauchgrau bis braungrau gefärbt. KRL 4,1–5,3 cm, SL 3,8–4,6 cm, UL 3,6–4,1 cm, FS 22–24,5 cm, G 7–15 g.
Verbreitung M.- und S-EU, nordwärts bis Limburg (Niederlande) u. Südpfalz/Bayern.
Lebensweise Wärmeliebend; im N überwiegend Haus-, im S Höhlenfledermaus; kommt im Tiefland und in unteren Gebirgslagen vor, sowohl in Ortschaften mit Gärten, Parks und Wasserflächen als auch in Karstgebieten; Sommerquartiere (Wochenstuben) in Dachböden (N) oder warmen Höhlen (S); auch auf verhältnismäßig hellen Dachböden mit relativ niedrigen, aber wenig schwankenden Temperaturen; Einzeltiere auch in Baumhöhlen, Baumspalten und Fledermauskästen; Winterquartiere in Höhlen, Stollen und Kellern, dort meist frei an der Decke oder Wand hängend, seltener in dichten Trauben oder in Spalten; überwiegend ortstreu, Wanderungen unter 40 km.
Wissenswert! Die W. fliegt schon in der frühen Dämmerung aus und benutzt regelmäßige Flugstraßen. Sie jagt an Busch- und Heckenrändern, an Bäumen und in Kuhställen, und zwar von einem Ansitz aus oder im Rüttelflug, wobei sie ihre Beute, v. a. Zweiflügler, Schmetterlinge und Spinnen, meist vom Substrat abliest. **RL, §§**

4–6 Querfalten

lange Ohren

Fransenfledermaus

lockeres, langhaariges Fell

Wimperfledermaus links: im Wochenstubenquartier

Große Bartfledermaus
Myotis brandtii · Familie Glattnasen

Kleine Art; relativ langes Fell, dunkel graubraune Haarbasis, Oberseite hellbraun, meist mit Goldglanz; Ohren, Schnauze und Flughäute mittel- bis hellbraun.

Jungtiere ähneln stark denen der Kl. Bartfl.; beide Arten nur schwer unterscheidbar, Penis bei ♂ der G. B. am Ende deutlich verdickt. KRL 3,9–5,1 cm, SL 3,2–4,4 cm, UL 3,3–3,9 cm, FS 19–24 cm, G 4,3–9,5 g.
Verbreitung Erst lückenhaft bekannt, da Vorkommen in EU erst 1958 entdeckt.
Lebensweise Waldfledermaus, an Waldgebiete und Gewässernähe gebunden; Sommerquartiere (Wochenstuben) in schmalen Spalten im Dachstuhl von Gebäuden, hinter Dachlatten und Verschalungen, in Balkenlöchern, auch in Fledermauskästen;

Winterquartiere in Höhlen und Stollen, oft gemeinsam mit Kl. Bartfl.; meist freihängend, auch in Trauben beieinander; bis zu 230 km weite Wanderungen; Ausflug in der frühen Dämmerung; jagt in niedrigen bis mittleren Höhen mit raschen Wendemanövern in nicht allzu dichtem Wald und über Gewässern nach Schmetterlingen sowie Schnaken und anderen Zweiflüglern.
Wissenswert! Bei Beunruhigung lassen G. B. typischerweise ein lautes, hohes Zetern und Zirpen hören. **RL, §§**

Ähnlich Die kürzlich in Griechenland neu entdeckte Art *Myotis alcathoe* ist mit einer UL von 3,2 cm und weniger als 5 g Gewicht die kleinste *Myotis*-Art in EU. Ihre Rufe haben eine höhere Frequenz als die der anderen europ. Arten. Evtl. kommt sie auch in Rumänien, Bulgarien und der Ukraine vor; auch in D nachgewiesen!

Kleine Bartfledermaus
Myotis mystacinus · Familie Glattnasen

Eine der kleinsten europäischen *Myotis*-Arten; Schnauze, Ohren und Flughäute schwarzbraun; langer, spitzer Ohrdeckel (Tragus), der die Einbuchtung des Ohraußenrands überragt.

Langes, krauses Fell, Haarbasis dunkelgrau; Färbung der Oberseite variierend, stets dunkler als Gr. Bartfl.; Basis von Tragus und innerem Ohrrand im Gegensatz zur Gr. Bartfl. nicht aufgehellt; Jungtiere dunkler, Haarbasis schwarz; relativ schmale Flügel; Penis dünn, am Ende ohne Verdickung; bei Störungen im Quartier lautes Gezeter. KRL 3,5–4,8 cm, SL 3–4,3 cm, UL 3,2–3,6 cm; FS 19–22,5 cm, G 4–8 g.

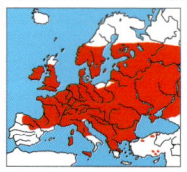

Verbreitung Fast ganz EU, in N-EU bis ungefähr zum 65. Breitengrad.
Lebensweise Nicht so deutlich an Wald und Gewässer gebunden wie die Gr. Bartfl., mehr in Parks, Gärten und Dörfern; eher eine Haus- als eine Waldfledermaus; in SO-EU auch in Karstgebieten; Sommerquartiere (Wochenstuben mit 20–70 Tieren) meist in spaltenartigen Hohlräumen an und in Gebäuden (auch kleine Häuser, Jagdhütten etc.), hinter Holzverkleidungen, zwischen Balken und Mauerwerk, auch hinter Fensterläden; Winterquartiere in Höhlen, Stollen, Kellern, meist frei hängend an Wand und Decke, selten in Spalten; überwiegend ortstreu, aber Wanderungen bis 240 km bekannt.
Wissenswert! Die anpassungsfähige K. B. fliegt bereits in der frühen Dämmerung aus, im Frühjahr und Herbst mitunter sogar tagsüber, und jagt praktisch in jedem Biotoptyp, auch noch bei leichtem Regen. In schnellem, wendigem, kurvenreichem Flug jagen die Tiere in 1–6 m Höhe nach kleinen Mücken, Eintagsfliegen, Libellen, Käfern und Nachtfaltern. **RL, §§**

Fell lang

Große Bartfledermaus

Winterschlaf

Kleine Bartfledermaus

Bechsteinfledermaus
Myotis bechsteinii · Familie Glattnasen

Mittelgroß mit sehr großen Ohren; nach den Langohren längste Ohren, die sich an der Basis jedoch nicht berühren; Ohrdeckel (Tragus) lang, lanzettförmig, bis etwa halbe Ohrlänge.
Relativ langes Fell, Haarbasis dunkel graubraun, Oberseite fahlbraun bis rötlich braun; Unterseite hellgrau, Schnauze rotbraun, Ohren und Flughäute hell graubraun; Jungtiere hell- bis aschgrau. KRL 4,5–5,5 cm, SL 4,1–4,5 cm, UL 3,9–4,7 cm, FS 25–28,6 cm, G 7–12 g.
Verbreitung In gemäßigten Zonen von EU; offenbar nur lokal, nirgends häufig.
Lebensweise Waldfledermaus; bevorzugt

Laubwaldgebiete (feuchte Mischwälder), kommt aber auch in Nadelwäldern vor; höchste Siedlungsdichten in strukturreichen Laubwäldern mit hohem Baumhöhlenangebot; Sommerquartiere (Wochenstuben) in Baumhöhlen und Fledermauskästen, selten in Gebäuden, dort frei hängend; fliegt erst nach Einbruch der Dämmerung aus; Flug gaukelnd mit geschickten Manövern auf engstem Raum, auch Rüttelflug; liest Insekten und Spinnen von Blättern, Zweigen oder vom Boden auf; Winterquartiere in Höhlen, Stollen, Kellern, manchmal auch in Baumhöhlen, meist einzeln frei an Decke oder Wand hängend; Ohren auch im Winterschlaf gerade ausgestreckt (Unterschied zu Langohren!).
Wissenswert! B.-Kolonien sind genetisch sehr einheitlich, weil kein Austausch von ♀ zwischen benachbarten Kolonien stattfindet. Die Tiere der aus ca. 20–80 ♀ bestehenden Wochenstuben verlassen nur ausnahmsweise den Wald. Entfernungen von mehr als 1 km zwischen Quartier und Jagdgebiet sind selten. **RL, §§**

Langfußfledermaus
Myotis capaccinii · Familie Glattnasen

Mittelgroß; große Füße mit langen Borsten; Schwanzflughaut oben und unten dicht mit dunklen, flaumartigen Härchen bedeckt.
Ohren mittellang; Haarbasis dunkelgrau, Oberseite hell rauchgrau, z. T. leicht gelblich, Unterseite hellgrau, Schnauze rotbraun; Ohren und Flughäute graubraun; Nasenlöcher weiter vorspringend als bei anderen europäischen *Myotis*-Arten. KRL 4,7–5,3 cm, SL 3,5–4,2 cm, UL 3,8–4,4 cm, SF 23–26 cm, G 6–15 g.
Verbreitung Mittelmeerraum, Balkanländer.
Lebensweise L. besiedeln vor allem mediterrane Karstgebiete, in denen sowohl Ge-

Schwanzflughaut und Füße stark behaart

wässer (Jagdgebiete) als auch buschreiches oder waldiges Gelände vorhanden ist. Als Sommer- und Winterquartiere dienen ihnen Höhlen und Stollen (Höhlenfledermaus). Die gesellige Fledermaus ist wahrscheinlich meist ortstreu, aber auch wanderfähig (in Bulgarien offensichtlich weite saisonale Wanderungen). Im Winterquartier sammeln sich bis zu 3000 Tiere, die dort oft in Spalten sitzen, z. T. auch in gemischten Trauben mit Langflügelfl. an der Höhlendecke hängen. Ausflug in der späten Dämmerung, der Flug ähnelt dem der Wasserfledermaus (⇨ S. 42).
Wissenswert! Die L. jagt häufig über Wasser nach Fluginsekten (Zwei- und Netzflügler). Mit ihren großen Füßen und der langen Schwanzflughaut ist sie unter allen europäischen Fledermäusen am weitesten daran angepasst, Insekten auch von der Wasseroberfläche aufzunehmen. Ihre Beute verzehrt sie im Flug.

Ohren sehr groß

Bechsteinfledermaus

Oberseite
rauchgrau

Langfußfledermaus

Rauhautfledermaus
Pipistrellus nathusii · Familie Glattnasen

Kleine Art, ähnlich der Zwergfledermaus (⇨ S. 52), aber etwas größer; kurzer, leicht nach innen gebogener Ohrdeckel (Tragus), Spitze gerundet.

Haarbasis dunkelbraun, Fell oberseits im Sommer rot- bis kastanienbraun, nach dem Haarwechsel mehr dunkelbraun, Unterseite hell- bis gelbbraun; Ohren, Flughäute und Schwanz schwarzbraun; Jungtiere dunkelbraun ohne Grautöne; Flügel lang. KRL 4,6–5,5 cm, SL 3,2–4 cm, UL 3,2–3,7 cm, FS 23–25 cm, G 6–15,5 g.

Verbreitung Schwerpunktmäßig nördliches M.-EU und O-EU mit Wochenstuben im NO des Verbreitungsgebiets; in D nur Wochenstuben in den nordöstlichen Bundesländern.

Lebensweise Waldfledermaus; besiedelt Wälder von feuchten Laub- bis zu trockenen Kiefernwäldern, ebenso Parks, seltener auch Siedlungen, bevorzugt im Tiefland; Sommerquartiere (Wochenstuben) zumeist in Baumhöhlen oder Stammrissen, in Spalten an Jagdkanzeln oder in flachen Fledermauskästen, seltener in engen Spalten an und in Gebäuden, in Rollladenkästen, hinter Fensterläden oder Holzverschalungen, auch in Ritzen zwischen Mauer und Fachwerkbalken und ähnlichen Verstecken; z. T. gemeinsame Wochenstuben mit Zwergfledermäusen, Gr. Bartfledermäusen oder Teichfledermäusen; Winterquartiere in Felsspalten, Mauerrissen, auch in Baumhöhlen oder zwischen gelagertem Brennholz. Die R. ist eine wandernde Art, die oft Küstenlinien und Flusstälern in Richtung W oder SW folgt.

Gleich nach Sonnenuntergang fliegen R. aus, um nach Fluginsekten zu jagen. Sie patrouillieren dabei entlang von Waldrändern, an Schneisen und Wegen, jagen aber auch gern über Wasserflächen.

Wissenswert! Während der Paarungszeit Jul – Sep sind Hoden und Nebenhoden der ♂ vergrößert, der Mund durch Drüsenwülste verdickt. Die ♂ besetzen in dieser Zeit Paarungsreviere, die sie gegen andere ♂ verteidigen. Vom Eingang ihres (Baumhöhlen-)Quartiers oder gelegentlich auch im Flug locken sie mit zweisilbigen Balzrufen ♀ an. Die Jungen (meist 2) werden ab Mitte Jun des folgenden Jahres geboren. Das ♀ versorgt sie 4 Wochen lang im Wochenstubenquartier, danach sucht es wieder ein Paarungsrevier auf. **RL**

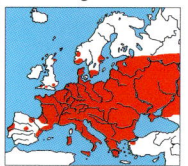

Ohrdeckel (Tragus) oval

Weißrandfledermaus
Pipistrellus kuhlii · Familie Glattnasen

Hinterrand der Armflughaut meist weiß; lebt eng an Siedlungen gebunden.

Kleine Art, KRL 4–4,7 cm, SL 3–3,4 cm, UL 3,1–3,6 cm, FS 21–22 cm, G 5–10 g.

Verbreitung S-EU, breitet sich nach N aus.

Lebensweise In Ebenen, niedrigen Gebirgslagen, Karstgebieten; Sommerquartiere gern an Gebäuden, im Winter in Felsspalten. Jagt in der Dunkelheit Fluginsekten. **RL**

Alpenfledermaus
Pipistrellus savii · Familie Glattnasen

Kleine Art, Ohren breiter und runder als bei anderen europ. *Pipistrellus*-Arten.

KRL 4–5,4 cm, SL 3,1–4,25 cm, UL 3–3,65 cm FS 22–22,5 cm, G 5–10 g.

Verbreitung Vorwiegend S-EU u. Kanaren.

Lebensweise In Karstgebieten, Gebirgstälern, auf Almen, auch im Siedlungsraum; Sommerquartiere oft in Spalten in und an Gebäuden; Flug meist geradlinig und hoch. **§§**

Ohrdeckel gebogen,
Spitze gerundet

Rauhautfledermaus

Weißrandfledermaus

Alpenfledermaus

Zwergfledermaus
Pipistrellus pipistrellus · Familie Glattnasen

Ohren kurz, dreieckig, abgerundete Spitze; Fell oberseits rot-, kastanien- oder dunkelbraun, unterseits gelb- bis graubraun; Flügel schmal.

Nach der Mückenfledermaus die kleinste europ. Art. KRL 3,6–5,1 cm, SL 2,3–3,6 cm, UL 2,8–3,5 cm, FS 18–24 cm, G 3,5–8 g.

Verbreitung Nahezu ganz EU, im N bis zum 61. Breitengrad.

Lebensweise Lebt in Dörfern, Städten, selbst in Zentren von Großstädten, in Parks, Alleen, Obstgärten und Waldungen; vorwiegend Hausfledermaus; Sommerquartiere (Wochenstuben) in von außen zugänglichen Spalten an Gebäuden, wobei enge Quar-

tiere bevorzugt werden, in denen die Tiere mit Rücken und Bauch Wandkontakt haben; meist in Zwischendächern kleinerer Gebäude, in Hohlräumen von Fassaden (Holzverkleidungen), hinter Fensterläden; ebenso unter loser Rinde und in hohlen Bäumen. Winterquartiere hinter Verkleidungen, in Fels- und Mauerspalten, hinter Bildern in Kirchen, gelegentlich auch in großer Zahl in Höhlen. Z. sind relativ kälteunempfindlich (2–6 °C). In M.-EU liegen zwischen Sommer- u. Winterquartier meist 10–20 (–50) km, doch sind Wanderungen bis zu 770 km bekannt. Der Ausflug erfolgt am frühen Abend, im Herbst auch tagsüber. Z. jagen in schnellem, wendigem Flug über Teichen, an Waldrändern, in Gärten und um Straßenlaternen nach Fluginsekten, vor allem Mücken. §§ *Ähnliche Art:* ⇨ S. 184.

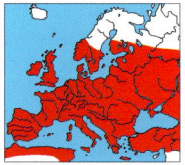

Mückenfledermaus
Pipistrellus pygmaeus · Familie Glattnasen

Sehr klein, noch etwas kleiner als die Zwergfl. und damit kleinste europäische Fledermausart; im Vergleich zur Zwergfledermaus helleres Gesicht und kürzere Schnauze.

Nasenspiegel mit Mittelwulst; kurzohrig wirkend (Länge Ohrinnenrand 7–8 mm, bei der Zwergfl. 8–9 mm); helleres Fell; erwachsene Tiere mit olivbraunem Rücken, gelblich grauer Bauchseite, Körperseiten mit gelbbraunem bis orangerotem Anflug; einzelne, vermutlich ältere Tiere fahlbraun bis sandfarben, dunkle Haarbasis kann am oberen Rücken fehlen. Unterscheidungsmerkmal zur Zwergfledermaus ist der Penis: bei erwachsenen ♂ orangefarben, bei Zwergfledermaus-♂ gräulich mit hellem Längsstreifen. KRL unklar, UL 2,9–3,2 cm, G 4,7–6 g

Verbreitung Erst lückenhaft bekannt; wahrscheinlich über weite Bereiche von EU, Nachweise in Skandinavien, England, Spanien, D und osteuropäischen Ländern.

Lebensweise Nachdem die M. erst seit kurzem als eigene Art bekannt ist, sind Kenntnisse über sie noch sehr lückenhaft. Im Gegensatz zur anpassungsfähigen Zwergfl. jagen M. bevorzugt in Waldgebieten in Gewässernähe, v.a. in großen Auwäldern und an Teichen. Sommerquartiere wurden in Fledermaus- und Vogelnistkästen gefunden (Einzeltiere oder Paarungsgruppen aus 1 ♂ mit bis zu 5 ♀), eine Wochenstubenkolonie sowie eine Wintergesellschaft in der Fassade eines Gebäudes in einem Auwald (Kühkopf/Hessen).

Wissenswert! Erst in den 1990er-Jahren fiel britischen Biologen auf, dass in EU neben der bei 45 kHz Endfrequenz echoortenden Zwergfl. diese sehr ähnliche Art lebt, deren Ortungslaute aber auf 55 kHz enden. RL, §§

dunkles
Gesicht

Zwergfledermaus

helleres Gesicht

Mückenfledermaus

Abendsegler
Nycatalus noctula · Familie Glattnasen

Große Art; kurze, rundliche Ohren und – wie bei allen *Nyctalus*-Arten – kurzer, pilzförmiger Ohrdeckel (Tragus); kurzes, eng anliegendes Fell, einfarbige Haare.

Oberseite im Sommer rotbraun, Unterseite matt hellbraun; nach dem Haarwechsel (Aug/Sep) oberseits matt fahlbraun, Schnauze, Ohren und Flughäute schwarzbraun; Jungtiere insgesamt dunkler; Flügel lang und schmal. KRL 6–8,2 cm, SL 4–6 cm, UL 4,8–5,8 cm, FS 32–40 cm, G 19–40 g.
Verbreitung Ganz EU außer Irland, Schottland, N-Skandinavien.
Lebensweise Ursprünglich eine Waldfledermaus, bevorzugt im Tiefland in Laub- und Mischwäldern, Parks und Feldgehölzen mit Altholzbeständen, oft in oder in der Nähe von Siedlungen; gebietsweise, besonders im Herbst und Winter, zur „Stadtfledermaus" geworden; Sommerquartiere (Wochenstuben) meist in alten Baumhöhlen (Specht-/Fäulnishöhlen, Stammrisse), die über dem Einflugloch ausgefault sind, aber auch in Fledermauskästen; im Sommer

auch hinter Platten von Gebäuden; Winterquartiere in hohlen, dickwandigen Bäumen, tiefen Felsspalten oder auch Mauerrissen

von links: Abendsegler, Kleiner Abendsegler, Riesenabendsegler

von Häusern; wandernde Art, in SO-EU auch in Höhlen, hält kurze Zeit bis -3 °C aus; in M.-EU Herbstzug ab Sep/Nov, z. T. auch am Tag ziehend (auch gemeinsam mit Schwalben und Alpenseglern), weiteste nachgewiesene Wanderung mit 2347 km registriert (Ukraine–Bulgarien); gesellig; Paarungszeit Jul–Okt.
Wissenswert! Die ♂ besetzen für mehrere Wochen ihre Paarungsquartiere (meist Baumhöhlen), wehren Geschlechtsgenossen ab und locken ♀ vom Quartiereingang aus oder im Flug mit Paarungsrufen an. Mitte Jun bis Anfang Jul werden in den Wochenstuben (mit 20–50, maximal 100 ♀) die Jungen geboren, zumeist Zwillinge. A. fliegen oft ziemlich früh aus. In geradlinigem, schnellem Flug mit scharfen Wendungen und Sturzflügen (mit Mauerseglern zu verwechseln) jagen sie nach größeren Fluginsekten wie Käfern, Schmetterlingen oder Zweiflüglern. Aus ihren Wochenstuben ebenso wie aus den Winterquartieren ist oft lautes Zetern und Zwitschern zu vernehmen, im Flug lassen sie laute „Zick"-Rufe hören. **RL, §§**

Kleiner Abendsegler
Nyctalus leisleri · Familie Glattnasen

Sehr ähnlich dem Abendsegler, nur kleiner und Fell weniger glänzend.

KRL 4,8–6,8 cm, SL 3,5–4,5 cm, UL 3,9–4,6 cm, FS 26–32 cm, G 13–20 g.
Verbreitung Fast ganz EU außer dem N.
Lebensweise In Wäldern und Parks mit Alt-

baumbeständen; Sommerquartiere in Baumhöhlen; bis zu 1052 km wandernd; Flug schnell und hoch. **RL, §§**
Ähnl. Art: ⇨ S. 184.

Riesenabendsegler
Nyctalus lasiopterus · Familie Glattnasen

Größte europ. Fledermaus; dichtes Fell, oberseits rost-, unterseits gelbbraun.

Mit langen, einfarbigen Haaren; Flügel lang, schmal. KRL 8,4–10,4 cm, SL 5,5–6,5 cm, UL 6,3–6,9 cm, FS 41–46 cm, G 41–46 g.
Verbreitung Vorwiegend SO-EU, nirgendwo häufig; in D nur 1 Fund im 19. Jh.

Lebensweise Eine Waldfledermaus. Sowohl Sommer- wie Winterquartiere in Baumhöhlen.

Abendsegler unteres linkes Bild: Weibchen mit Zwillingen;
rechtes Bild: Kolonie in einer Baumhöhle

Kleiner Abendsegler beringtes Tier   **Riesenabendsegler**

Breitflügelfledermaus

Eptesicus serotinus · Familie Glattnasen

Große Art; relativ kurze Ohren; langes Fell mit dunkelbrauner Haarbasis, oberseits dunkelrauchbraun, z. T. leicht glänzend, unterseits gelbbraun.

Ohren und Schnauze schwarz, dunkel schwarzbraune Flughäute; Flügel breit; Jungtiere insgesamt dunkler. KRL 6,26–8,2 cm, SL 4,6–5,4 cm, UL 4,8–5,7 cm, FS 31,5–38,1 cm, G 14,4–33,5 g.
Verbreitung Ganz EU bis zum 55. Breitengrad sowie Lanzarote (Kanaren).
Lebensweise Vorwiegend im Flachland, dort im Siedlungsraum (Hausfledermaus) mit Gärten, Wiesen, auch in Randgebieten von Großstädten und in Parks; Sommerquartiere (Wochenstuben) in Spalten an und in Gebäuden (im Dachfirst, unter Dachlatten, hinter Fassadenverkleidungen); Einzeltiere (♂) in Balkenkehlen, hinter Fensterläden, seltener in Fledermaus- oder Vogelkästen, in SO-EU auch in Karsthöhlen; Winterquartiere in Höhlen (auch im Bodenschotter), Stollen, Kellern, in den gleichen Gebäuden wie im Sommer (tiefe Balkenkehlen auf Dachstühlen, hinter Bildern), in Holzstapeln; meist einzeln in Spalten oder frei an Decken und Wänden; eher ortstreue Art, aber wanderfähig.
Wissenswert! B. fliegen gewöhnlich 20–30 Minuten nach Sonnenuntergang aus. Mit ruhigem, gleichmäßigem Flügelschlag jagen sie in 3–10 m Höhe oder dicht über dem Boden in Gärten, an Waldrändern, über Müllplätzen oder um Straßenlaternen nach Großinsekten. Sie können ihre Nahrung auch vom Boden aufnehmen. **RL, §§** *Ähnliche Art: ⇨ S. 184*

Ohrdeckel klein, rundlich

Nordfledermaus

Eptesicus nilssonii · Familie Glattnasen

Mittelgroß; langes Fell, dunkelbraune Haarbasis, oberseits mit goldglänzenden Haarspitzen.

Auch auf dem Scheitel goldglänzende Haare. KRL 5,5–6,4 cm, SL 3,5–5 cm, UL 3,81–4,28 cm, FS 24–28 cm, G 8–17,5 g.
Verbreitung N-, M.-, O-EU; weltweit einzige Fledermausart, die sich noch nördlich des Polarkreises fortpflanzt.
Lebensweise In M.-EU meist im Gebirgsvorland und in mittleren Gebirgslagen; Sommerquartiere in Spalten an oder in Gebäuden, häufig an schiefer- oder blechgedeckten Häusern (Erwärmung!); Winterquartiere in Höhlen oder Stollen. **RL, §§**

Ohrdeckel nach innen gebogen

Zweifarbfledermaus

Vespertilio murinus · Familie Glattnasen

Mittelgroß; einzige Fledermausart in EU mit 2 Paar Zitzen.

Langes, dichtes Fell, an den Haarwurzeln schwarzbraun, oberseits silbrig weiße Spitzen, wie „schimmelig" wirkend; schmale Flügel. KRL 4,8–6,4 cm, SL 3,7–4,5 cm, UL 4–4,7 cm, FS 27–31 cm, G 12–20,5 g.
Verbreitung M.- und O-EU, im N bis zum 60. Breitengrad.
Lebensweise Lebt in waldigem Bergland, Steppenregionen, auch in Großstädten an hohen Gebäuden, im Gebirge bis in 1900 m Höhe; Sommerquartiere vorwiegend in Spalten an und in Gebäuden; schneller, geradliniger, oft hoher Flug. **RL, §§**

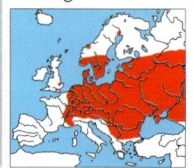

Ohrdeckel sehr klein

Breitflügelfledermaus rechtes Bild: kurz vor dem Abflug

Haar-
spitzen
gold-
glänzend

Nordfledermaus

Haarspitzen
silbrig weiß

Zweifarbfledermaus

Braunes Langohr
Plecotus auritus · Familie Glattnasen

Mittelgroß; auffallend lange Ohren, die sich an der Basis berühren, langer, spitzer Ohrdeckel; lockeres, langes Fell, dunkel graubraune Haarbasis.

Fleischfarbene Lippen; Ohren und Flughaut hell graubraun; Jungtiere fahlgrau, dunkles Gesicht; breite Flügel. KRL 4,2–5,3 cm, SL 3,7–5,5 cm, UL 3,7–4,2 cm, FS 24–28,5 cm, G 4,6–11,3 g.

Verbreitung Fast ganz EU, in Skandinavien bis 64. Breitengrad; im S Spaniens, Italiens und Griechenlands nicht nachgewiesen.

Lebensweise Bewohnt Waldgebiete im Tiefland und Mittelgebirge, offene Baum- und Buschlandschaften, auch Parks und Gärten, aber ohne Bindung an Siedlungsräume; Sommerquartiere (Wochenstuben) in Baumhöhlen, auch in Vogel- und Fledermauskästen, an und

△ *Fraßplatz*

in Gebäuden, in Dachböden mit Dachunterzug; Winterquartiere in Höhlen, Stollen, Kellern. Langsamer, gaukelnder Flug; kann im Rüttelflug Beutetiere, vorwiegend Tag- und Nachtfalter, Raupen und Spinnen, von Blättern, Zweigen oder Wänden ablesen.

Wissenswert! Langohren falten beim Schlafen ihre Ohren nach hinten und klemmen sie unter die Unterarme. Nur die Ohrdeckel stehen dann nach vorn und täuschen kleine Öhrchen vor. **RL, §§**

Graues Langohr
Plecotus austriacus · Familie Glattnasen

Sehr ähnlich dem Br. Langohr, Schnauze länger und spitzer; Fell meist grauer.

Daumen im Unterschied zum Braunen Langohr nicht länger als 6 mm. KRL 4,1–5,8 cm, SL 3,7–5,5 cm, UL 3,7–4,45 cm FS 25,5–29,2 cm, G 5–13 g.

Verbreitung EU, nördlich in D und Polen etwa bis zum 53. Breitengrad.

Lebensweise Wärmeliebend, bevorzugt Kulturlandschaften, im N an Siedlungen gebunden; Hausfledermaus, meidet größere Waldgebiete; Sommerquartiere teils in Spalten in Gebäuden, teils frei im First, Einzeltiere auch in Höhlen, selten in Fledermauskästen; Winterquartiere in Höhlen, Stollen, Kellern. Jagt oft im freien Luftraum und um Straßenlaternen, sammelt Beute auch von Zweigen ab. **RL, §§**

Ähnl. Art: ⇨ S. 184

Mopsfledermaus
Barbastella barbastellus · Familie Glattnasen

Mittelgroß; unverwechselbares Gesicht mit mopsartig gedrungener Schnauze.

Seidiges, schwarzes Fell, oberseits mit weißlichen Haarspitzen; Flügel lang und schmal. KRL 4,5–5,8 cm, SL 3,8–5,2 cm, UL 3,65–4,35 cm, FS 26–29 cm, G 6–13,5 g.

Verbreitung EU, nördlich bis ungefähr zum 60. Breitengrad.

Lebensweise Bevorzugt waldreiche Vorgebirgs- und Gebirgsregionen; Sommerquartiere in Spalten an Gebäuden und Bäumen; im Winter kältehart (2–5 °C), in Spalten und frei an Wänden, z. T. in großen Clustern; jagt in schnellem Flug in Baumkronenhöhe nach Fluginsekten. **RL, §§**

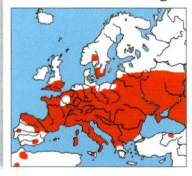

Braunes Langohr

Mutter mit Jungem

Schwanz aus
Flughaut ragend

Graues Langohr

Haarspitzen weißlich

Mopsfledermaus

Langflügelfledermaus
Miniopterus schreibersii · Familie Glattnasen

Mittelgroße Art; sehr kurze Schnauze, gewölbte Stirn; kurze, dreieckige Ohren; lange, spitze Flügel; Flug sehr schnell, an Schwalben oder Segler erinnernd.

Kurzes Fell, am Kopf aufrecht stehend; Oberseite graubraun bis aschgrau; Jungtiere grauer. KRL 5–6,2 cm, SL 5,6–6,4 cm, UL 4,5–4,8 cm, FS 30,5–34,2 cm, G 9–16 g.
Verbreitung S- und SO-EU, im N bis zum 46. Breitengrad, in der Slowakei bis über den 48. Breitengrad hinaus.
Lebensweise In offenem, klimatisch begünstigtem Gelände vom Tiefland bis ins Gebirge sowie in Karstgebieten; Höhlenfledermaus; sehr gesellig; Sommerquartiere (Wochenstuben) in warmen, geräumigen Höhlen, Stollen, im N des Verbreitungsgebiets gelegentlich auch in Dachräumen alter Gebäude; Wochenstuben oft mit mehr als 1000, im Höchstfall bis zu 14000 (!) ♀; Winterquartiere in Höhlen (Temperatur 7–12 °C) frei an Decke oder Wand, z. T. in Trauben beieinander; bis zu 10000 L. in einem Winterquartier; im N wandernde Art.

Ausflug bereits kurz nach Sonnenuntergang; L. jagen, oft weitab vom Quartier, im freien Luftraum nach mittelgroßen Fluginsekten.
Wissenswert! Bei L. findet im Gegensatz zu allen anderen europäischen Fledermausarten die Befruchtung sofort nach der Begattung statt. Während des Winterschlafs ruht die Embryonalentwicklung dann (Keimruhe). Bei sämtlichen anderen Arten werden die Spermien nach der Begattung zunächst im Uterus konserviert, um erst im Frühjahr beim Eisprung wieder aktiv zu werden. §§

Bulldoggfledermaus
Tadarida teniotis · Familie Bulldoggfledermäuse

Große Art; lange, breite Ohren, die das Gesicht nach vorn überragen und sich an der Basis berühren.

Lange Schnauze; sehr schmale und lange Flügel; Schwanz zu 1/3 bis 1/2 aus der Flughaut ragend. KRL 8,1–9,2 cm, SL 4,4–5,7 cm

UL 5,7–6,4 cm, FS um 41 cm, G 25–50 g.
Verbreitung S-EU, Mittelmeerraum, Kanaren; in den Alpen bis 46° 20' nördl. Breite.
Lebensweise Sommerquartiere in hohen Felswänden oder Gebäuden; Winterquartiere in Höhlen und Felsspalten; Winterschlaf wird oft unterbrochen, um selbst bei niedrigen Temperaturen auf Jagd zu fliegen; jagt in hohem, schnellem Flug nach großen Fluginsekten; ruft laut und weit hörbar.
Wissenswert! In den engen Spalten ihrer Quartiere fungiert das freie Schwanzende der B. als Tastorgan.

Langflügelfledermaus unteres Bild: eine kopfstarke Kolonie

Bulldoggfledermaus

Nilflughund
Rousettus aegyptiacus · Familie Flughunde

Große Art; ♂ immer größer als ♀; lange Schnauze; Fell graubraun, bauchseits und am Nacken etwas heller und gelblicher, Kopfoberseite dunkler.
Jungtiere ähnlich gefärbt, aber kürzeres Fell; am 2. Finger eine funktionslose Kralle. KRL 13,3–16,8 cm, SL 1,7–2,5 cm, UL 8,9–10 cm, FS um 60 cm, G 135–175 g.
Verbreitung Von allen Flughunden am weitesten nach NW vorkommend; äußerster S der Türkei, bis in 1970er-Jahre noch große Kolonien auf Zypern; aufgrund von Verfolgung wegen Schäden in Obstplantagen heute dort nur noch in kleinen Gruppen.
Lebensweise Im Frühjahr übertagen N.

auch freihängend an hohen Bäumen, im Winter hingegen ausschließlich in Höhlen. N. halten keinen Winterschlaf. Als reine Fruchtfresser verzehren sie auch Plantagenobst. Die Obstbauern sehen in ihnen nur Ernteschädlinge, ohne zu erkennen, dass die Tiere oft durch Fruchtfliegen oder Pilze vorgeschädigte Früchte verzehren und ihnen dadurch sogar hilfreich sind. Die Jungen, meist 1 pro ♀, werden in den Höhlen im Mär/Apr oder Jun/Jul geboren.
Wissenswert! In den dunklen Höhlen oder bei tiefer nächtlicher Dunkelheit orientieren sich N. mit Echoortungslauten, die sie als Doppelklicks mit der Zunge erzeugen. Ansonsten finden sie sich wie alle Flughunde optisch mithilfe ihrer hervorragenden Nachtaugen zurecht.
Während jagende Fledermausmütter ihre Jungen im Quartier zurücklassen, nehmen Flughund-♀ die Kleinen auf ihren abendlichen Nahrungsflügen mit. Die Jungen halten sich dabei mit den Zähnen an einer Zitze der Mutter und mit den Zehen an deren Bauchfell fest.

Magot, Berberaffe
Macaca sylvanus · Familie Meerkatzenverwandte

Größe wie ein mittelgroßer Hund, kräftiger, gedrungener Körper, schwanzlos; dichter, dicker, gelb-ockerfarbener Pelz.
KRL 38–76 cm, G 5–13 kg.
Verbreitung In EU nur auf Gibraltar; ansonsten in N-Afrika.
Lebensweise M. sind vorwiegend bodenlebende Bewohner der Zedern- und Eichenwälder des mittleren Atlas (Marokko und Algerien), meist zwischen 1500 und 2000 m Höhe. Sie leben in Mehrmännchengruppen von 12–40 Tieren, deren Reviere 1,2–1,7 qkm groß sind. Darin wechseln sie zwischen Nahrungsplätzen, Wasserstellen und Schlafplätzen (letztere meist in Felshöhlen). Als Allesfresser ernähren sich die hervorragend kletternden und springenden Tiere von Blättern, Bast und Samen von Zedern, Beeren, Kräutern, Knospen, Sprossen, Wurzeln, Insekten und kleinen Wirbeltieren. Die ♀ bringen nach etwa 7 Monaten Tragzeit je 1, selten 2 Junge zur Welt. Diese sind mit 6–12 Monaten erwachsen.
Wissenswert! Die M. wurden auf dem Felsen von Gibraltar wahrscheinlich von Menschen eingebürgert. Zumindest hat man den Bestand mehrfach durch in N-Afrika gefangene Tiere ergänzt. Einst lebte eine weitere Horde 20 Jahre frei im Wald des Ritterguts Windhausen bei Kassel, bis sie Graf von Schlieffen (der spätere Staatsminister von Hessen-Kassel) nach einer Tollwutinfektion alle töten ließ. Möglicherweise waren diese M. Vorbild für Wilhelm Buschs „Fips, der Affe". Die noch etwa 25 000 in N-Afrika lebenden M. sind heute durch Bejagung und Lebensraumzerstörung bedroht.

Nilflughund

Magot, Berberaffe

Feldhase
Lepus europaeus · Familie Hasenartige

Mittelgroß; lange Ohren; lange Hinterbeine; Fell mit helleren und dunkleren Brauntönen, Bauch und Schwanzunterseite rein weiß, Schwanzoberseite und Ohrspitzen stets schwarz.

Geschlechter bei der Beobachtung nicht unterscheidbar. KRL 48–76 cm, SL 7–12,5 cm, Ohren 9–15 cm, G 2,5–8 kg.

Verbreitung EU außer N-Skandinavien, in Irland eingebürgert; ostwärts bis Mittelasien, ferner NW-Afrika. (Wird auf der Iberischen Halbinsel durch den Andalusischen Hasen *L. granatensis*, ⇨ S. 185, in der Verbreitungskarte grün, vertreten.)

Lebensweise Ursprünglich Steppenbewohner; höchste Populationsdichten in Ackerbaugebieten mit hoher Bodenqualität und warm-trockenem Klima („Zuckerrübenböden", Rheinebene), kommt in M.-EU jedoch in allen Landlebensräumen bis zur alpinen Waldgrenze und sogar im geschlossenen Wald vor; dämmerungs- und nachtaktiv; ernährt sich von Kräutern, Gräsern, Kulturpflanzen, Knospen, Zweigen und Rinde. Typisches Fluchttier, das sich reglos in eine gescharrte Mulde („Sasse") duckt oder rennend (bis zu 70 km/h), springend (2 m hoch und 2,70 m weit!), Haken schlagend, schwimmend und sogar kletternd flüchtet. Der F. lebt in Gruppen mit festen Rangordnungsbeziehungen und Gruppenrevieren. In der Paarungszeit (in M.-EU Jan-Aug) kommt es immer wieder zu größeren Ansammlungen von F. Rivalisierende ♂ liefern sich dann Boxkämpfe um die ♀. Nach einer

Tragzeit von 42–43 Tagen bringen die ♀ jeweils 1–5 Junge zur Welt. Diese werden behaart und mit offenen Augen geboren (Nestflüchter),

nur ein- oder zweimal pro Tag gesäugt und mit 30 Tagen bereits entwöhnt. Die ♀ können kurz vor der Geburt erneut befruchtet werden.

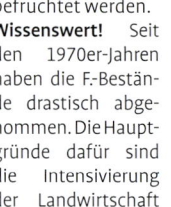
Wildkaninchen

Feldhase

Wissenswert! Seit den 1970er-Jahren haben die F.-Bestände drastisch abgenommen. Die Hauptgründe dafür sind die Intensivierung der Landwirtschaft mit häufigeren und früheren Mähterminen zur Silagegewinnung und großflächigen Monokulturen (etwa nahrungslose Maisäcker) sowie die Zunahme des Straßenverkehrs. 1977/78 brachen die Hasenbestände bundesweit ein; seit etwa 1995 wachsen sie wieder an. Die Ursachen für diesen Einbruch wie für den erneuten Anstieg sind jedoch unklar. Der F. stellt Beute dar für viele behaarte und gefiederte Räuber. Der Einfluss der einzelnen Beutegreiferarten ist dabei jedoch unklar. Sicher ist nur, dass hohe Fuchsbestände die F.-Bestände drücken können: Viele Füchse bedeuten weniger Hasen. Der F. leidet auch an etlichen Krankheiten. Insgesamt erreicht daher nur etwa jeder 5. Junghase das Erwachsenenalter.

Bejagung schadet den F.-Populationen eigentlich nicht, sofern nicht mehr Tiere geschossen werden, als dem jährlichen Nettozuwachs der Population entspricht. Weil aber die nichtjagdlichen Verluste in unserer Umwelt immer größer werden, müssen sich die Jäger heute mit entsprechend weniger Beute bescheiden, wollen sie die F.-Bestände nicht gefährden. **RL**
Ähnliche Arten: ⇨ S. 184/185.

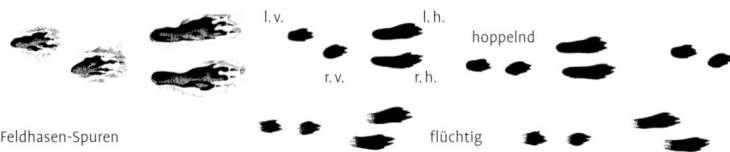

Feldhasen-Spuren

l. v. l. h.

r. v. r. h.

hoppelnd

flüchtig

Junghase

Losung

Sasse

Feldhase   Bild oben rechts: in der Sasse; Bild unten rechts: winterliche Sasse

Schneehase
Lepus timidus · Familie Hasenartige

Etwas kleiner als ein Feldhase, Kopf kürzer, Ohren weniger lang; Fell im Sommer rotbraun bis bräunlich grau, im Winter rein weiß, Ohrspitzen dabei immer schwarz.

Schwanz immer rein weiß. KRL 48–68 cm, SL 4–7 cm, Ohrlänge 6–10 cm, G 1,7–5,8 kg.
Verbreitung Nominatform *Lepus timidus timidus* im nördlichen Eurasien von Irland bis Sachalin; im Alpengebiet die kleinere Unterart *Lepus timidus varronis*.
Lebensweise Der S. bewohnt die nördliche Waldzone und Tundra bis zur asiatischen Steppe, in den Alpen die Nadelwaldregion, Krummholzzone und darüber. Lawinenstriche, Windwurfflächen und Kahlschläge bilden im Waldgürtel bevorzugte, knospenreiche Nahrungsgründe. Tagsüber lagern die gesellig lebenden Tiere zwischen Steinen und Sträuchern, auch in selbst gegrabenen „Burgen" und Schneetunnels. Sie ernähren sich vielseitig von Kräutern, Gräsern und Beerensträuchern, im Winter von Zweigen, Knospen und Rinde. In seiner Nahrungswahl zeigt sich der S. viel anspruchsloser als der Feldhase.
Wissenswert! Der S. war nach der Eiszeit in ganz M.-EU verbreitet. Heute lebt er in der Taiga und Tundra sowie in hoch gelegenen Nadelwäldern und waldfreien Regionen der Alpen ab etwa 1300 m bis in rund 3000 m Höhe. Er ist hervorragend an einen kalten, schneereichen Lebensraum angepasst: Weißes Winterfell (Tarnung vor Feinden), stark behaarte, breite, spreizbare Pfoten (Schneeschuhprinzip bei lockerem Tiefschnee), relativ kurze Ohren (geringe Wärmeabstrahlung).
Wegen der rauen klimatischen Bedingungen in seinem Lebensraum gibt es in einer S.-Population weniger Zuwachs als bei Feldhase oder Kaninchen. Zweimal, manchmal auch dreimal im Jahr wirft das ♀ nach einer Tragzeit von rund 50 Tagen 1–5 Junge. Die Kleinen kommen behaart und sehend zur Welt, werden etwa 1 Monat lang gesäugt und werden rasch selbstständig.
Der Lebensraum des S. überlappt sich teilweise mit dem des Feldhasen. Kreuzungen zwischen beiden Arten kommen vor, sind aber unfruchtbar. Der S. stellt eine wichtige Beute für den Steinadler dar, weitere Fressfeinde sind Fuchs und Uhu.
In manchen Alpenländern gilt der S. heute als gefährdet. Jagdstatistiken zeigen aber, dass seine Populationen geringer schwanken als die des Feldhasen. Eine drastische Bestandsabnahme wie beim Feldhasen ist beim S. nicht festzustellen. Daraus kann geschlossen werden, dass seine Lebensräume noch weitgehend intakt sind.
In Südtirol und der Schweiz wird der S. traditionell mit Bracken gejagt, in D ist er völlig geschont. Wegen ihrer Nagezähne und Schädelmerkmale zählte man die Hasenartigen früher zu den Nagetieren. **RL**

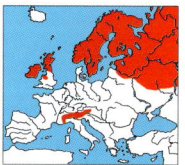

Schneehase

Wildk.

Trittspur

Schneehase

im Winterfell

Wildkaninchen

Oryctolagus cuniculus · Familie Hasenartige

Wildkaninchen   Feldhase

Hasenähnlich, aber deutlich kleiner, Kopf rundlicher, mit kürzeren, stets aufgerichteten Ohren; Oberseite sandfarben bräunlich, seltener auch hellgrau oder schwarz, Ohren stets ohne schwarze Spitzen.

Dichtes, feinwolliges Fell. KRL 35–45 cm, SL 4–8 cm, Ohrlänge 6–8,2 cm, G 1–3 kg.

Verbreitung Ursprünglich nur in Spanien und NW-Afrika; schon im Altertum im übrigen EU ausgesetzt und verbreitet; heute in EU bis S-Schweden und den Britischen Inseln, ostwärts bis zur Weichsel.

Lebensweise W. sind Bewohner deckungsreicher, trockenwarmer Landschaften mit sandigen Böden. Sie graben weit verzweigte Baue und bilden Großfamilien mit strenger Rangordnung (1 erwachsenes ♂, mehrere ♀ und Junge). Bei Gefahr schlagen sie zur Warnung mit den Hinterbeinen auf den Boden (Trommeln).

Die Jungen, pro Wurf 1–9, maximal 14, kommen nach einer Tragzeit von 28–31 Tagen nackt und blind zur Welt („Nesthocker"). Sie wachsen schnell, bereits mit ca. 4 Wochen sind sie ausgewachsen.

Nahrung und Feinde (Hermelin, Rotfuchs, Wolf, Luchs, große Greifvögel) ähnlich wie beim Feldhasen (⇨ S. 64).

Wissenswert! W. leben heute in großer Zahl auch in vielen Städten. Sie können dort durch ihr Graben und das Verbeißen von Ge-

hölzen und Gartenpflanzen ausgesprochen lästig werden. Mitte des 19. Jhd. wurden sie in Australien und Neuseeland ausgesetzt und entwickelten sich in der Folge dort zu einer regelrechten Landplage. In EU wurden 1952 W. absichtlich mit Myxomatose, einer Viruskrankheit, infiziert, um die Bestände einzudämmen (krankes Tier s. Foto Mitte rechts). Die Populationen haben sich jedoch nach einem vorübergehenden Einbruch wieder erholt und sind inzwischen weniger empfindlich gegen das Virus. Typischerweise machen W. alle 9–10 Jahre starke Populationsschwankungen durch. Die Ursachen dafür konnten noch nicht völlig geklärt werden.

Das W. ist die wilde Stammform sämtlicher Hauskaninchen und „Stallhasen".

Ähnlich **Östliches Baumwollschwanz-Kaninchen** *Sylvilagus floridans*, etwas kleiner als das Wildkaninchen; gräbt keine Baue, sondern scharrt Mulden; heimisch in Amerika, von S-Kanada bis Kolumbien; zu Jagdzwecken in Frankreich und Italien eingebürgert, in N-Italien noch in Splitterpopulationen vorkommend.

Links: Kaninchenbau; unten: Fraßspuren an Rinde

flüchtig

Spuren

Jungtier hier hellgrau

Wildkaninchen Bild oben links: vor dem Bau; oben rechts: sichernd;
Mitte rechts: an Myxomatose erkrankt

Eichhörnchen

Sciurus vulgaris · Familie Hörnchen

Fast körperlanger, buschiger Schwanz; Fellfärbung variabel, von hellrot bis fast schwarz, Unterseite immer reinweiß; im Winter an den Ohrspitzen auffällige Haarbüschel.

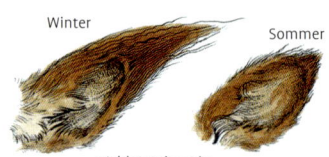

Winter

Sommer

Eichhörnchenohr

Winterfell hell- bis dunkelgraubraun; Hand- und Fußflächen im Sommer unbehaart, Hand mit 6, Hinterfuß mit 4 Schwielen. Jungtiere mit kürzeren Schwanzhaaren. KRL 20–25 cm, SL 15–20 cm, G 200–480 g.

Verbreitung Waldregion Eurasiens, von England im W über ganz EU und Asien bis Japan und Sachalin im O; in einigen Gebieten ausgesetzt.

Lebensweise Die tagaktiven E. sind als Baumtiere an eine kletternde Lebensweise hervorragend angepasst. Selbst an glatten Stammflächen können sie mit ihren spitzen Krallen an Fingern und Zehen und den kräftigen Hinterbeinen kopfvoran nach unten klettern. Der lange, buschige Schwanz dient dazu, auf dünnen Zweigen das Gleichgewicht zu halten und bremst die Fallgeschwindigkeit beim Sprung in die Tiefe. Feinde des E. sind vor allem Baummarder, Zobel, Habicht und Uhu.

E. durchstreifen Gebiete bis ca. 50 ha ohne ausgeprägtes Territorialverhalten. Außerhalb der Paarungszeit leben sie einzeln. Während der Paarungszeit, die sich von Dez bis Jun/Jul erstreckt, veranstalten die ♂ wilde Hetzjagden hinter den ♀ her. E. bauen in den Baumkronen kugelförmige Reisignester, sog. Kobel (kl. Foto), die sie mit weichem Material auspolstern, bauen Nester von Rabenvögeln um oder polstern Baumhöhlen aus. Die 3–5 Jungen werden nach einer Tragzeit von 38 Tagen als Nest-hocker blind und nackt geboren. Mit rund 9 Wochen sind sie erwachsen, die ♀ sind mit 1 Jahr geschlechtsreif.

Neben Lauten von Knurren bis Keckern und Schnalzen verständigen sich E. durch Schwanz- und Ohrenbewegungen.

Wissenswert! Weil E. auf Baumsamen angewiesen sind, ist für sie das Baumalter in einem Wald wichtiger als die Baumarten. Sie können sich nur dort ständig halten, wo das Samenangebot der Bäume nie ganz versiegt. Samen von Nadelbäumen, Bucheckern, Eicheln, Haselnüsse, ferner Walnüsse, Hainbuchensamen, Ross- und Edelkastanien, aber auch Triebe, Beeren, Obst, Rinde, Knospen und Pilze gehören neben Vogeleiern, Jungvögeln, Kerbtieren und Schnecken zu ihrer Nahrung. Der tägliche Nahrungsbedarf liegt zwischen 35 g (Winter) und 80 g (Frühling).

E. halten keinen Winterschlaf. Sie sammeln Vorräte, die sie entweder im Boden vergraben, in Baumhöhlen verstecken oder in Rindenritzen und Astgabeln festklemmen. Nüsse oder Eicheln legen sie bevorzugt an Baumwurzeln und -stämmen ab. Dabei merken sie sich ihre Verstecke nicht, sondern finden sie im Winter durch Absuchen des Geländes mithilfe ihres ausgezeichneten Geruchsinns wieder.

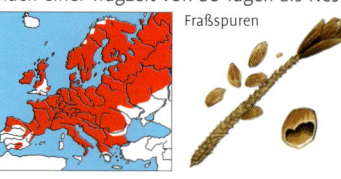

Fraßspuren

l. v.

l. h.

r. v.

r. h.

laufend

Eichhörnchen Bild oben: im Sommerfell; Bilder unten: im Winterfell

Grauhörnchen

Sciurus carolinensis · Familie Hörnchen

Etwas größer als ein Eichhörnchen; Sommerfell rötlich gelb bis rotbraun, im Winterfell Rücken grau; Kehle und Bauch weißlich, Schwanz weiß gesäumt, heller Ring ums Auge.
KRL 20–28 cm, SL 20–24 cm, G 350–750 g, meist um 500 g.
Verbreitung Heimisch in den USA (v. a. O-Hälfte) bis etwa zur kanadischen Grenze; in EU in England, Irland und Schottland (zwischen 1876 und 1929 ausgesetzt).
Lebensweise Bewohnt Laub- und Mischwälder, auch Parks; tagaktiv, wenig scheu, am Boden schneller, dafür beim Klettern langsamer als Eichh.; ernährt sich ähnlich, be-

Ohren stets ohne Pinsel

vorzugt aber Eichen, von denen es Früchte und unreife Blüten verzehrt; leckt gern austretenden Baumsaft ab, frisst auch Garten- und Feldfrüchte; sammelt wie Eichh. Wintervorräte, die es am Boden vergräbt, seltener in Baumhöhlen oder Geäst versteckt; Nest (Kobel) aus beblätterten Zweigen, 30–60 cm groß, mit Gras oder Blättern ausgekleidet, meist in einer Astgabel.
Ein- bis zweimal im Jahr kommen nach einer Tragzeit von rund 40 Tagen 1–4 Junge zur Welt. Viele ♀ haben während der Jungenaufzucht 2 Nester und ziehen bei Störung mit den Jungen um. Im Winter suchen G. auch Baum- oder Erdhöhlen auf. Die ♀ sind dann oft mit den Jungen aus dem vergangenen Jahr in einem Nest zu finden.
Wissenswert! Umstritten ist, ob die G. in England das Eichh. verdrängt haben, dessen Bestände schon vor der Ausbreitung des G. wegen Krankheiten zurückgingen.
Ähnliche Art: ⇨ S. 185.

Flughörnchen

Pteromys volans · Familie Hörnchen

Kleiner als Eichhörnchen, etwa so groß wie Siebenschläfer; zwischen Vorder- und Hintergliedmaßen kann eine breite, behaarte Flughaut ausgespannt werden.
Körperoberseite gelblich, silbrig oder dunkelgrau, Unterseite weißlich, buschiger Schwanz grau; Ohren kurz, ohne Haarbüschel; große Augen. KRL 13,5–20,5 cm, SL 9–14 cm, G 90–170 g.
Verbreitung Taigagebiete, von Finnland im W bis Sachalin und Japan im O.
Lebensweise F. brauchen naturnahe, alte Wälder, in denen neben Nadelbäumen v. a. Birken und Erlen vorkommen. Typisch ist ihre Fähigkeit zum Gleitflug, mit dem

sie von Baumkronen aus 30–40 m weite Strecken gleitend überbrücken können. Die Flughaut spannen sie mithilfe eines schwertförmigen Knorpels aus, der von der Handwurzel nach hinten gerichtet ist. Mit Bein- und Schwanzbewegungen können sie ihren Gleitflug horizontal wie vertikal steuern. Beim Landen, meist an einem Baumstamm, wirkt die Flughaut wie ein Bremsfallschirm. Die dämmerungs- und nachtaktiven Tiere schlafen tagsüber in einem Nest aus Gräsern, Moos und Flechten, das meist in alten Spechthöhlen angelegt wird. Erst kurz nach Sonnenuntergang werden F. aktiv und beginnen mit der Nahrungssuche: Knospen und Blätter, gelegentlich Eier und Vogeljunge, im Herbst Beeren und Baumsamen, im Winter v. a. Birken- und Erlenkätzchen, auch Koniferennadeln und Rinde. Weil F. keinen Winterschlaf halten, tragen sie Kätzchen, Nüsse und Samen als Vorrat in Baumhöhlen ein.

Grauhörnchen   hier: im Winterfell

Unterseite weißlich

Flughörnchen

Alpenmurmeltier

Marmota marmota · Familie Hörnchen

Etwa hasengroß, größter Vertreter der Hörnchen-Familie; kurzer, buschiger Schwanz mit schwarzer Spitze; kleine, rundliche Ohren, die durch den Pelz fast verdeckt sind.

Kurzer Kopf, kurze, breite Schnauze; Behaarung dicht, dunkel graubraun, Unterseite heller; kräftige Füße mit stumpfen Grabeklauen; bis zu 5 Paar Zitzen. KRL 47–61 cm, SL 13–20 cm, G 4–8 kg.

Verbreitung Stark zersplittertes Areal; beheimatet nur in den W-Alpen, im W-Teil der O-Alpen und in der Hohen Tatra; erfolgreich ausgesetzt in den französischen Pyrenäen, im Neuenburger Jura, in den Freiburger Voralpen, im Schwarzwald, in der Schwäbischen Alb, am Passo del Vivione und in der Niederen Tatra; missglückte Ansiedlungsversuche im Thüringer und Bayerischen Wald.

Lebensweise Die tagaktiven M. besiedeln in Familiengruppen waldfreie Flächen zwischen 800 m und 3200 m Höhe. Dies können Grashänge mit einzeln stehenden Laubhölzern, von Nadelwald, Grünerlen- oder Latschenfeldern umstandene Almen, Hochtalkessel und Kare oder Felsregionen mit Geröllfeldern und Bergkämme mit spärlicher Vegetation sein. Energiereiche Gräser, Knospen, Kräuter, Samen und Wurzeln werden verzehrt und ermöglichen den M. die Anlage notwendiger Fettreserven für den langen Winterschlaf. Ihren Winterschlaf verbringen die Tiere zusammengerollt im mit trockenem Gras ausgepolsterten Schlafkessel ihrer umfangreichen Baue. Neben Wohn- und Schlafbauen legen M. auch Fluchtröhren an. In einer Kolonie halten einzelne Tiere auf erhöhten Stellen oft „Männchen machend" Wache, um bei nahender Gefahr (Steinadler, Uhu, Kolkrabe oder Raubsäuger) mit schrillen Pfiffen ihre Artgenossen zu warnen, die dann blitzartig in den Röh-

ren verschwinden. Während der Paarungszeit von April bis Mitte Mai besetzen die ♂ Reviere, die sie verteidigen und mit einem Se-

Baueingang

kret aus ihren Wangendrüsen markieren. Nach einer Tragzeit von 33–44 Tagen bringen die ♀ 1–7 (durchschnittlich 3) Junge zur Welt, die mit 4–5 Wochen erstmals den Bau verlassen, mit rund 40 Tagen erwachsen und mit 2 Jahren geschlechtsreif sind.

Wissenswert! Um den Hochgebirgswinter zu überleben, halten M. von Okt–Apr gemeinsam Winterschlaf. Sie verlieren dabei etwa 35 % ihres Herbstgewichts. Herzschlag, Atmung und Stoffwechsel sind stark gedrosselt, die Körpertemperatur fällt von 37 °C auf unter 5 °C ab. Bei Tieren, denen man Minisender eingepflanzt hatte, war festzustellen, dass sich die M.-Familie beim Schlafen gegenseitig warm hält. Ohne mitwärmende ältere Geschwister würden es die M.-Eltern kaum schaffen, die letztgeborenen Jungen mit ihren geringen Fettdepots über den Winter zu bringen. Spezielle Wärmefühler der M.-Haut nehmen offenbar gegenseitige Temperaturdifferenzen wahr und veranlassen die Älteren, zugunsten der Kleinen mehr Wärme zu erzeugen. Alle 15 Tage werden die Schlafphasen unterbrochen. Bei allen M. steigt dann die Körpertemperatur auf 37 °C an, die Tiere gehen nacheinander zum Urinieren in eine Nebenhöhle, um anschließend wieder gemeinsam weiterzuschlafen. Diese Synchronisierung spart Stoffwechselenergie und ermöglicht das Überleben der ganzen Familie. **RL**

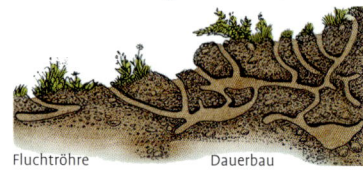

Fluchtröhre   Dauerbau

Alpenmurmeltier Bild oben: spielende Jungtiere; unten links: pfeifend

Europäischer Ziesel
Spermophilus citellus · Familie Hörnchen

Knapp eichhörnchengroß; schlanke Gestalt, kurze Ohren; Oberseite gelblich grau, dicht mit weißgelblichen Tupfen besetzt, Bauchseite gelblich, Kehle und Kinn weißlich.

Im Sommer kurze, anliegende Fellhaare, im Winter länger, straffer und steifer. KRL 18–23 cm, SL 3,8–7,4 cm, G 170–430 g.

Verbreitung M.- und SO-EU, von Polen über Tschechien und Österreich nach S-EU einschließlich der Balkanländer.

Lebensweise Die reinen Tagtiere bewohnen offene Landschaften, bevorzugen unbebaute Flächen mit niedriger, kümmerlicher Grasvegetation wie abgewirtschaftete Wiesen, Feldraine und Dämme, Kulturland mit Luzernefeldern, meiden Wälder, feuchte Gebiete und können im Gebirge bis 2500 m Höhe vorkommen. Im Vergleich zum Perlziesel sind sie weniger an echte Steppengebiete angepasst. Z. verzehren Samen, Blätter und Wurzeln von Gräsern, Luzerne, Klee, zeitweise auch zahlreiche andere Feldfrüchte. Z. legen keine Vorräte in ih-

Baueingang

ren Bauen an, tragen aber die Nahrung zum Verzehren oft vor den Baueingang. Es gibt 2 Arten von Bauen: Dauerbaue mit Nest, in denen die Tiere die Nacht verbringen, ihre Jungen aufziehen und den Winter in tiefer Lethargie bei herabgesetzter Körpertemperatur verschlafen, sowie einfache Röhren als Schutzbaue, in die sie bei Gefahr flüchten oder die sie zu kurzer Ruhe aufsuchen. Die ♀ bringen nach ca. 25 Tagen Tragzeit jeweils 2–9 Junge zur Welt, die bei der Geburt nur etwa 6 g wiegen, rund 30 Tage gesäugt werden und im Alter von 1 Jahr die Geschlechtsreife erreichen.

Wissenswert! Z.-Bestände gehen durch Intensivierung der Landwirtschaft zurück. Mit dem schrumpfenden Offenflächen im S der Pannonischen Ebene wechselten Z. in Flächen mit höherem Bewuchs und leben nun versteckter. §§

Ziesel

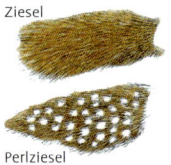

Perlziesel

Ähnlich **Perlziesel** *Spermophilus suslicus*, etwas kleiner als der Europäische Ziesel, Schwanz kürzer; KRL 19–22 cm, SL 3–4,6 cm, G 200–350 g; Oberseite dunkelbraun, Rücken mit deutlichen, 3–5 mm großen weißen Flecken, die durch in Gruppen stehende Grannenhaarspitzen gebildet werden, Bauch gelbgrau, Brust, Hals und Augenring weiß.

Verbreitet ist der P. in den Steppengebieten von SO-Polen über NO-Rumänien ostwärts bis etwa zur Wolga und Oka. Die strikt tagaktiven Tiere leben überwiegend auf Löß- und Lehmböden, ursprünglich in offenen Steppen, kommen auch auf Brachen, Getreidefeldern und Weiden vor. Dort ernähren sie sich vorwiegend von Gräsern und Getreide, im Frühjahr v. a. von grünen Pflanzenteilen, fressen aber auch Insekten und kleine Wirbeltiere. Ihr Bausystem ist noch verzweigter als das des Europ. Ziesels. Als Signale geben sie hohe, melodische Pfiffe von sich. Vorräte tragen sie spärlich und nur im Sommer in den Bau ein. P. paaren sich in den ersten 14 Tagen nach dem Erwachen aus dem Winterschlaf und nur einmal jährlich.

Europäischer Ziesel Bild Mitte rechts: Jungtiere; unten links: Nahrung tragend

Europäischer Biber

Castor fiber · Familie Biber

Größtes Nagetier von EU, fuchsgroße, plumpe Gestalt; Schwanz („Kelle") breit, abgeplattet, mit Schuppen bedeckt und unbehaart; kleine, rundliche Öhrchen.

Geschlechter äußerlich nicht unterscheidbar. Zu verwechseln mit Nutria (kleiner) und mit Bisamratte (viel kleiner, beide mit schmalem Schwanz). KRL 80–100 cm, SL 30–40 cm, G 23–35 kg.

Verbreitung Ehemals in ganz Eurasien; aufgrund Verfolgung durch den Menschen beinahe ausgestorben.

Lebensweise Bewohnt Flussauen; ist vorwiegend dämmerungs- und nachtaktiv; sehr guter Schwimmer und Taucher (bis zu 20 Minuten); lautes Aufschlagen der Kelle aufs Wasser als Warnsignal; lebt in Familien mit dies- und letztjährigen Jungen. Neben Erdbauten legen B. Burgen an und regulieren durch Dammbauten den Wasserstand ihrer Wohngewässer so, dass die Eingänge des Baus ganzjährig unter Wasser liegen. Während sie im Sommer von Sumpfpflanzen, Blättern und Zweigen leben, aber auch von Mais und Zuckerrüben, verzehren sie im Winter hauptsächlich Rinde. Dazu sowie zum Bau der Burgen und Dämme fällen B. Bäume, vorzugsweise Weichholzbäume. Abgebissene Zweige werden als Wintervorrat ins Gewässer und in den Bau geschleppt.

Wissenswert! In EU wurden B. bis auf Restvorkommen an der Rhone, in S-Norwegen, an der Elbe und in Russland ausgerottet. Man stellte ihnen nach wegen des Bibergeils (einem Drüsensekret, dem in der Volksmedizin wundersame Heilkräfte zugeschrieben wurden), als Fastenspeise (die katholische Kirche rechnete B. wegen ihres schuppigen Schwanzes zu den Fischen), wegen ihres wertvollen Pelzes

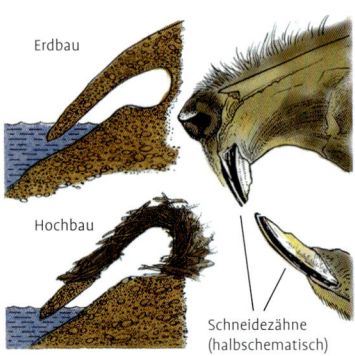

Erdbau

Hochbau

Schneidezähne
(halbschematisch)

und aufgrund der von ihnen angerichteten Schäden an Bäumen und Ufern. In den letzten Jahrzehnten wurden B. jedoch in mehreren Ländern mit Erfolg wieder angesiedelt, u. a. 1967 in Bayern. Dort ist der Bestand innerhalb von 40 Jahren auf gut 10 000 Tiere angewachsen und hat sich auf etwa ein Drittel der Landesfläche sowie nach Tschechien ausgedehnt. Inzwischen ist der B. auch in vielen anderen Bundesländern durch Aussetzung und Einwandern heimisch. V. a. durch ihre Grabetätigkeit können B. in der Zivilisationslandschaft erhebliche Probleme und hohe Kosten verursachen. Sie durchlöchern nicht nur Dämme und setzen Äcker unter Wasser, sie bringen auch Klärbecken und Fischteiche zum Auslaufen. Forstliche Schäden durch das Fällen von Bäumen sind dagegen viel seltener. Der größte Teil der Biberaktivität ist auf den direkten Uferbereich begrenzt. Kleinere Bachsysteme können B. dagegen durch Dammbau und Bäumefällen bereichern, indem sie Stillwasserzonen schaffen, die Wasserfläche vergrößern und das Waldkronendach lichten. **RL, §§**

Ähnliche Art: ⇨ S. 185.

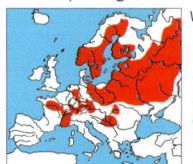

Warnsignal

Biberstaudamm

Biberburg

Europäischer Biber   Bild unten links: von einem Biber gefällte Birke

Hamster, Feldhamster

Cricetus cricetus · Familie Hamster

Größte Art der Hamsterfamilie in EU; „bunte" Fellfärbung mit gelb- bis rotgraubraunem Rücken, schwarzem Bauch und weißen Abzeichen.

An Lippen, Kehle, unterhalb der Ohren, an Armansätzen und Innenseite der Schenkel weiße bis gelblich weiße Flecken; auch schwarze Tiere mit weißen Füßen, Schecken, Gelblinge und rein weiße Exemplare kommen vor; dichtes, kurzes Fell. KRL 20–27 cm, SL 5–7 cm, G 220–460 g.

Verbreitung In W-EU in kleinen Gebieten Frankreichs, der Niederlande und Belgiens sowie von D nach O.

Lebensweise Hauptverbreitungsgebiete sind die Steppen von O-EU. Bei uns bevorzugen H. reich strukturierte Agrarlandschaften mit tiefgründigen Löß- und Lehmböden. Die nachtaktiven, ungesellig lebenden Tiere sind typische Bodenbewohner und können gut laufen, springen und schwimmen. Bei Gefahr ebenso wie bei Auseinandersetzungen mit Artgenossen setzen H. auf Imponieren: Sie richten sich auf, wetzen vernehmlich ihre Nagezähne und fauchen laut. Der Kopf kann dabei durch Aufblasen der Backentaschen vergrößert werden. Den eigenen Bau und dessen Umgebung sowie das Territorium des ♀ markieren H. mit einem Flankendrü-

sensekret. Die Tiere graben tiefe Gangsysteme (im Sommer bis zu 60 cm, im Winter bis zu 2 m tief) mit bis zu 10 m langen Gängen so-

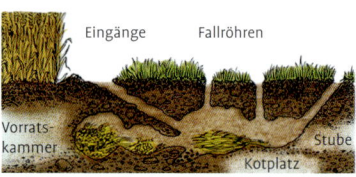

Eingänge   Fallröhren
Vorrats-kammer   Stube
Kotplatz

wie Wohn- und Vorratsräumen („Kesseln"), in denen sie bis auf die Zeit der Jungenaufzucht allein leben.

Die 4–11, im Mittel 8 Jungen kommen nach einer Tragzeit von 17–20 Tagen zur Welt. Sie werden nackt und blind geboren. Bereits mit 3–4 Wochen werden sie entwöhnt und selbstständig, mit 2,5–3 Monaten sind sie fortpflanzungsfähig.

Die abwechslungsreiche Nahrung der H. besteht aus Samen, Wurzeln, Knollen, Gräsern, Schnecken, Regenwürmern, Käfern, Heuschrecken, Fröschen, Mäusen und Jungvögeln von Bodenbrütern. In ihren Backentaschen tragen sie nach und nach 1–2 kg, manchmal bis 15 kg Vorräte in den Bau. Während kurzer Unterbrechungen des von Sep–Feb dauernden Winterschlafs zehren die Tiere von den Vorräten, verlieren aber dennoch zwischen 20–30 % ihres Gewichts.

Wissenswert! Wurde der H. früher als Erntescädling bekämpft und seines Fells wegen gefangen, ist heute die intensive landwirtschaftliche Bodenbearbeitung mit sofortigem Umbruch abgeernteter Felder, mit Bodenverdichtung, Überdüngung und tiefgründigem Pflügen die Hauptursache seines Rückgangs. H.-Populationen kommen heute meist nur noch inselartig vor. **RL, §§**
Ähnliche Art: ⇨ S. 185.

Baueingang

Ähnlich Der **Rumänische Goldhamster** *Mesocricetus newtoni* ist kleiner und kurzschwänziger als der H.; KRL 13,5–16 cm; SL 1,8–2,6 cm; Fell oberseits mittelgrau, auf dem Vorderrücken ein schwarzer Aalstrich, Bauchseite hellgrau; Brust und Kehle schwarz, hinter dem Ohr eine schwarz-weiße, schräg verlaufende Zeichnung; bewohnt die trockenen Steppengebiete Bulgariens und Rumäniens.

Winterschlaf

Hamster, Feldhamster   Bild unten links: sich putzendes Tier

Berglemming
Lemmus lemmus · Familie Wühlmäuse

Bunte Wühlmaus mit schwarzer, gelb- und rotbrauner Fellfarbe am Rücken; walzenförmiger Körper, kurzer Schwanz, kleine, fast ganz im Fell verborgene Ohren.

Lang und dicht weißlich behaarte Fußsohlen. KRL 10–15 cm, SL 1–2 cm, G 40–130 g.
Verbreitung N-EU, von Skandinavien über N-Finnland bis zur Halbinsel Kola; Arealgrenze wegen Massenwanderungen in Lemmingjahren schwankend.
Lebensweise B. leben als nachtaktive Einzelgänger in der Moos- und Krautschicht von Fjell und Tundra mit Ortswechseln zwischen Sommer und Winter. Die Tiere suchen im Winter die alpine Region mit Grasheiden und felsenreichen Gebieten auf. Die dauerhafte Schneedecke ist hier vor allem für die Erhaltung ihrer Futterpflanzen wichtig. Im Sommer sind die alpinen Plätze zu trocken, sodass die B. dann feuchtere Stellen in tieferen Lagen wie Moore und Bach-

ränder, z. T. auch ausgedehnte Birkenwälder und moosreiche Nadelwaldregionen besiedeln. Wenn dort im Winter das gefrierende Oberflächenwasser ihre Futterpflanzen einschließt, weichen sie wieder in Dauerschneeregionen aus. B. ernähren sich von Moosen und Gräsern sowie Beeren und Knospen von Zwerggehölzen.
Wissenswert! B. sind sowohl gegen Artfremde wie Artgenossen sehr aggressiv. Das bunte Fell dient möglicherweise als Warnsignal, wenn die Tiere unter bedrohlichem Fauchen, Zähnezeigen und Aufrichten ihre oft erheblich größeren Gegner anspringen und beißen.
Nach immer wieder auftretenden Massenvermehrungen entstehen, ausgelöst durch die lokale Nahrungsverknappung, große Lemmingzüge, auf denen die Tiere massenhaft in großen Seen und Flüssen ertrinken können oder im offenen Meer abgetrieben werden.

Berglemming   Waldlemming   Halsbandlemming (N-Asien)

Ähnlich **Waldlemming** *Myopus schisticolor*, mit 8–11 cm KRL etwas kleiner als der Berglemming; Fell asch- bis schiefergrau mit zimtbraunem Sattel; Ohren schauen etwas aus dem Fell heraus.
Lebt in der Waldzone der Paläarktis von Skandinavien ostwärts bis zum Altai, in der Mongolei, Mandschurei und auf Kamtschatka; in EU in frischen, moosreichen (Fichten-)Wäldern, in Skandinavien Arealgrenze des W. mit der der Fichte zusammenfallend.
Die überwiegend nachtaktiven Tiere ernähren sich von den Spitzen und Sporenkapseln von Moosen, von Binsen, Simsen, Seggen u. a. Gräsern, Früchten der Preiselbeere und Schachtelhalm, verschmähen aber Flechten. Vor allem infolge ihrer Fraßtätigkeit entsteht ein dichtes Netz von Gängen, die teils eingeschnitten im Moos, teils unter der Moosdecke verlaufen. W. paaren sich meist zwischen Apr und Aug. Die ♀ ziehen jährlich 2–4 Würfe in einem Nest auf. Die jeweils 2–8 Jungen werden nach einer Tragzeit von 21 Tagen geboren und sind mit 20 Tagen bereits erwachsen.

Bei W. sind regelrechte Massenvermehrungen nicht bekannt. Allerdings können zyklische Bestandserhöhungen die im Gegensatz zum Berglemming weniger wanderfreudigen und aggressiven W. zu Wanderungen veranlassen. In Finnland gilt der W. als bedrohte Art (bedingt durch den Verlust seiner Optimalbiotope).

Fell bunt

Berglemming

Rötelmaus
Clethrionomys glareolus · Familie Wühlmäuse

Farbigste einheimische Wühlmaus; rotbrauner Rücken; von Erd- und Feldmaus (⇨ S. 88) durch vorstehende Ohren und längeren Schwanz unterscheidbar.

KRL 8–13,5 cm, SL 3,5–7 cm, G 15–40 g.

Verbreitung Ganz EU außer S-EU und den äußersten N, ostwärts bis W-Sibirien, außerdem Kleinasien.

Lebensweise R. bewohnen Unterholz- und vegetationsreiche Laub- und Mischwälder, auch Flurgehölze und Parks. Die Gänge ihrer unterirdischen Baue verlaufen oberflächennah und enden in der Laubschicht. Im Gegensatz zu anderen Wühlmäusen klettern R. oft bis zu 5 m hoch auf Bäume

und Sträucher. Sie verzehren Kräuter, Gräser, Blätter, Früchte, Samen und wirbellose Tiere und legen Vorratslager unter dem Laub an. Im Winter benagen sie auch Rinde (rechtes kl. Foto). Die ♀ gebären in jährlich 2–4 Würfen je 2–8 Junge. Hauptfeinde der R. sind Waldkauz, Marder und Wildkatze. *Ähnliche Arten:* ⇨ S. 185.

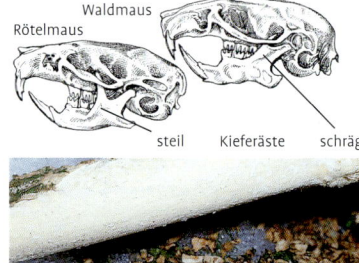

Rötelmaus — Waldmaus — steil — Kieferäste — schräg

Schermaus
Arvicola terrestris · Familie Wühlmäuse

Große Wühlmaus, variiert stark in Größe und Färbung. Wirft neben den Eingängen ihrer Baue oft Erdhaufen auf, ähnlich dem Maulwurf (kl. Bild unten).

KRL 14–20 cm, SL 6–10 cm, G 70–320 g.

Verbreitung EU, Asien bis zum Baikalsee, von Kleinasien bis zum Iran.

Lebensweise S. leben an Bächen, Teichen und Seen, bewohnen aber auch Wiesen, Gärten, Äcker, Dünen und Wälder. Sie können gut schwimmen und tauchen. In Steilufern graben sie weit verzweigte unterirdische Gangsysteme. Abseits von Gewässern legen sie oberflächennahe Gänge im Boden an, die als Erdwälle erkennbar sind.

Die ♀ bringen jährlich 2- bis 5-mal 1–11 Junge zur Welt, die mit 3 Wochen geschlechtsreif sind. S. fressen Wasserpflanzen, Kräuter, Wurzeln, Gräser und Feldfrüchte.

Ähnlich **Südwesteuropäische Schermaus** *Arvicola sapidus*, etwas größer als die Schermaus; Iberische Halbinsel sowie N- bis Mittelfrankreich; immer in Wassernähe; wird zunehmend von der Bisamratte (⇨ S. 86) verdrängt.

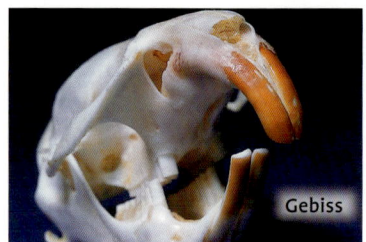

Gebiss

Rötelmaus   typisch: der rotbraune Rücken

Schermaus   nicht selten tief dunkelbraun gefärbt

Bisamratte

Ondatra zibethicus · Familie Wühlmäuse

Kaninchengroße, an das Wasserleben angepasste Wühlmaus; schuppiger Schwanz mit einzelnen Haaren, seitlich zusammengedrückt; kleine Ohren, fast völlig im Fell verborgen.

Ohrmuscheln durch einen Ohrdeckel (Tragus) wasserdicht verschließbar; Hinterfüße viel größer als die Vorderfüße, durch seitliche Schwimmborsten und Schwimmhäute am Zehengrund als Ruder dienend; Fell oberseits dunkel- bis kastanienbraun, am Bauch schiefergrau; Jungtiere oberseits graublau. KRL 25–35 cm, SL 20–25 cm, G 600–1800 g.

Verbreitung Ursprünglich N-Amerika; 1905 bei Prag ausgesetzt, von dort und gestützt durch andere Aussetzungen über ganz M.-EU verbreitet; in vielen Teilen von EU und Asien weiter in Ausbreitung begriffen.

Lebensweise B. sind vorwiegend dämmerungs- und nachtaktiv, können aber gelegentlich auch tagsüber beobachtet werden. Die ganzjährig aktiven Tiere halten keinen Winterschlaf. Sie besiedeln heute fast alle Gewässer. In grabfähigen Ufern legen sie Erdbaue an, deren Eingang sich gewöhnlich unter Wasser befindet, während der Wohnkessel über dem Wasserspiegel liegt. Die Baue reichen vom einfachen Fluchtbau bis zum komplizierten Galeriesystem mit Eingängen und Wohnkesseln auf verschiedenen Etagen. Beim Fehlen grabfähiger Ufer sowie im Winter legen die Tiere im Flachwasser Kegelburgen an, für die sie im Gegensatz zum Biber keine Äste, sondern krautige Pflanzenteile der Umgebung verwenden. Die stumpf kegelförmigen Burgen ragen 35–175 cm aus dem Wasser und haben einen Durchmesser von 85–430 cm und einen Rauminhalt bis zu 12 m³. Zu ihrer Errichtung wird die Vegetation in großem Umkreis oft völlig beseitigt.

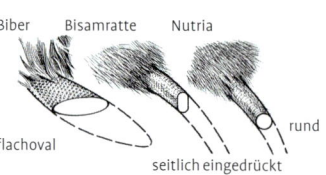

Biber · Bisamratte · Nutria
flachoval · seitlich eingedrückt · rund

Im Verlauf des Sommers wirft ein ♀ 2- bis 3-mal nach einer Tragzeit von 28–30 Tagen jeweils 5–8 Junge. Nach etwa 2 Wochen im Mutterbau machen diese ihre ersten Ausflüge. Im Frühling und Herbst verlassen viele Jungtiere die Elternreviere, um z. T. weit abzuwandern.

Während der Vegetationszeit fressen B. Teile von Schilf, Simsen, Rohrkolben, Fieberklee, Laichkraut, Teichrose, Schwertlilie, Rohrglanzgras, aber auch Landpflanzen (Gemüse, Mais, Obst), im Winter verzehren sie zusätzlich Muscheln und Wasserschnecken. Über 1000 aufgebissene und ausgefressene Muschelgehäuse, v. a. Maler- und Teichmuscheln, können sich im Laufe des Winters an einem B.-Fraßplatz anhäufen (kl. Fotos unten). Seltene Muschelarten können durch die B. in ihrem Bestand durchaus gefährdet sein.

Natürlicherweise sind Nerz und Otter die Hauptfeinde des B. Bei uns jagen die noch vorhandenen Beutegreifer wie Fuchs, Iltis, Steinmarder, Eulen, Greifvögel, aber auch Hunde und Katzen die B.

Wissenswert! Wegen ihrer starken Grabetätigkeit, bei der sie Uferböschungen und Dämme unterminieren können, werden B. bei uns amtlich bekämpft. Allein in D wurden zwischen 1915 und 1957 rund 1,5 Millionen Tiere erlegt, doch ist die B. in EU und Asien wohl nicht mehr auszurotten.

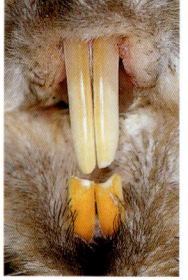

Bisambau

Bisamratte

Erdmaus
Microtus agrestis · Familie Wühlmäuse

Langhaariger, brauner und dunkler als die Feldmaus; Schwanz mit Haarpinsel.
KRL 10–13 cm, SL 3,2–4,5 cm, G 25–55 g.
Verbreitung Weite Teile von EU, nach O bis zur Mongolei und nach N-China.
Lebensweise Besiedelt sowohl Feuchtbiotope wie trockene Hochstaudenfluren, Kahlschläge und Forstkulturen; gesellig; erwachsene Tiere einer Kolonie nutzen Streifgebiete von 200–1000 qm; beinahe ganzjährig fortpflanzungsfähig; bis zu 6 Würfe im Jahr mit jeweils 4–7(10) Jungen; erwachsene ♀ z. T. abwandernd, junge ♀ im mütterlichen Gebiet bleibend; Nahrung Gräser, Binsen, Kräuter, Samen, Wurzeln, im Winter oft Rinde von Bäumen und Sträuchern (Forstschädling!).
Wissenswert! E.-Populationen zeigen alle 2–4 Jahre ausgeprägte zyklische

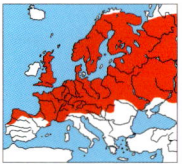

Dichteschwankungen. Von normalerweise 10–15 Tieren pro ha kann die Dichte dann bis auf 300 Tiere pro ha ansteigen.

Ähnlich **Cabreramaus** *Microtus cabrerae*, größer als Feldmaus, auf dem Hinterrücken auffällig lange Leithaare; Iber. Halbinsel.
Levantewühlmaus *Microtus guntheri*, etwas größer als Feldmaus; auf trockenem Gelände im östl. Mittelmeergebiet.
Südfeldmaus *Microtus rossiaemeridionalis*, etwas größer und dunkler als Feldmaus; vom Balkan nach O sowie Baltikum und Finnland.

Gras- und Moostunnel

Feldmaus
Microtus arvalis · Familie Wühlmäuse

Oberseite gelbgrau, Unterseite heller; Schwanz nur etwa ⅓ körperlang.
KRL relativ variabel, in M.-EU 9–12 cm, SL 2,5–4,5 cm, G 20–40 g.
Verbreitung EU außer S und N, sowie Mittelasien bis zur Mandschurei.
Lebensweise Besiedelt v. a. nicht zu feuchtes Gras- und Kulturland; tag- und nachtaktiv; legt unterirdische Baue mit Wurfhöhlen, Vorratskammern und mehreren Gängen an und nagt oberirdisch Laufgänge in die Vegetation; frisst grüne Teile von Gräsern und Kräutern, Samen, Wurzeln und wirbellose Tiere; hortet im Herbst bisweilen Nahrung in den Vorratskammern; Fortpflanzung ganzjährig möglich; 3–6 Würfe im Jahr mit je 2–12 Jungen, die im Alter von 14 Tagen ihrerseits schon wieder fortpflanzungsfähig sind.

Wissenswert! Die F.-Dichte beträgt für gewöhnlich 25–500 Tiere pro ha, kann aber auch bis über 1000 Tiere pro ha ansteigen. Alle 2–4 Jahre kommt es zu zyklischen Massenvermehrungen mit darauf folgenden Zusammenbrüchen der Population.

Turmfalke fing Feldmaus

Erdmaus hier: in einem ihrer Gänge

kurzer
Schwanz

Feldmaus

Mittelmeer-Kleinwühlmaus
Microtus duodecimcostalus · Familie Wühlmäuse

Oberseits gelblich graubraun, unterseits silbergrau; relativ kurzer Schwanz.
KRL 7,5–10,5 cm, SL 2,1–3,2 cm, G 14–28 g.
Verbreitung Große Teile der Iberischen Halbinsel sowie S-Frankreich.
Lebensweise Die dämmerungs- und nachtaktiven M. bewohnen Wiesen, Äcker, Ödland, Gewässerufer, gebüschreiche Kiefernwälder bis 2000 m Höhe. Ihre Gangsysteme legen sie dicht unter der Erde an, die Zugänge zum Nest werden mit Erde abgedeckt. M. fressen Wurzeln, Gräser und Hülsenfrüchte. **Wissenswert!** Nagetiere sind mit 1700 Arten in 36 Familien weltweit die artenreichste Säugetierordnung.
Ähnliche Arten: ⇨ S. 185

Alpen-Kleinwühlmaus
Microtus multiplex · Familie Wühlmäuse

Sehr ähnlich Kurzohrmaus, aber etwas größer, längere, weißliche Hinterfüße.
Rücken braun, Bauch grauweiß bis gelblich.
KRL 9–11,5 cm, SL 2,8–4,2 cm, G 19–31 g.
Verbreitung Südalpen (Frankreich, Schweiz, Italien, Österreich), Oberitalien, Kroatien.
Lebensweise A., auch Fatio-Kleinwühlm. genannt, leben meist paarweise in Gängen, die oft von anderen Kleinsäugern angelegt wurden. Ihre bevorzugten Lebensräume sind Wiesen, Hecken, Weinberge, Gemüsegärten und Edelkastanienwälder, auch alpine Rasen. Sie fressen v. a. Pflanzen, die sie rund um die Bauausgänge sammeln.

Nordische Wühlmaus
Microtus oeconomus · Familie Wühlmäuse

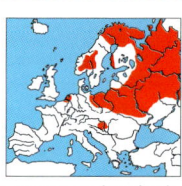

Ohren fast völlig im Pelz verborgen; Rückenmitte schwarzbraun, Bauchseite und Füße grau.
KRL 8,5–16 cm, SL 2,4–7,2 cm, G 35–90 g.
Verbreitung N-EU bis O-Sibirien, N-Kanada und Alaska; in M.-EU isolierte Vorkommen.
Lebensweise Bewohnt feuchte, sumpfige Wiesen, Moore, Verlandungszonen, Schilfflächen (Zweitname „Sumpfmaus"!), in N-EU im Winter auch trockenere Biotope, selbst Häuser; schwimmt und taucht sehr gut; dämmerungs- und nachtaktiv, im Winter auch tagaktiv; Gangsysteme und Nester oberirdisch in dichter Vegetation oder unterirdisch; Nahrung v. a. Seggen, Wollgras, Schilf, im Winter Rinde. **RL**

Kurzohrmaus
Microtus subterraneus · Familie Wühlmäuse

Kleiner als eine Feldmaus, Augen und Ohren sehr klein, Ohrmuscheln fast völlig im maulwurfsartigen Fell versteckt.
KRL 7–10 cm, SL 2–4 cm, G 14–22 g.
Verbreitung Von Frankreich bis zur Ukraine.
Lebensweise Besiedelt feuchte Laubwälder, Pestwurzfluren und Hochgrasbestände bis hin zu Bergwiesen (2300 m Höhe) und Gärten; gesellig; nacht- und dämmerungsaktiv; legt unterirdische Laufgänge mit Schlafnestern an; oberirdische Wechsel verdeckt; Nahrung rein pflanzlich; jährlich 3–8 Würfe mit 2–4 Jungen; keine sehr starken Populationsschwankungen. **RL**

Schwanz sehr kurz

Mittelmeer-Kleinwühlmaus

Hinterfüße weißlich

Alpen-Kleinwühlmaus

graue Bauchseite

Nordische Wühlmaus

Augen sehr klein

Kurzohrmaus

Schneemaus

Chionomys nivalis · Familie Wühlmäuse

Große, relativ langschwänzige Wühlmaus; Oberseite hell oder gelblich braungrau, Unterseite grauweiß; dicht behaarter Schwanz, heller als der Körper, bei erwachsenen Tieren gelegentlich weiß.

Schmelzfaltenmuster der Backenzähne

Mittelm.- Kleinwm. 3 Falten   Schneemaus 2 Falten

Dichtes, feines, langhaariges Fell; um die Schnauze auffällige, bis zu 6 cm lange, helle Tasthaare. KRL 9,5–14 cm, SL 4–7,6 cm, G 30–68 g.
Verbreitung Hochgebirge von EU sowie verschiedene asiatische Gebirge.
Lebensweise Braucht felsigen Untergrund; lebt auf zerklüfteten Felsbändern, Geröllfeldern, Moränen und zwischen Felsblö-

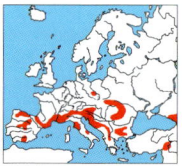

cken an Bachrändern, im Bereich von Berghütten bis in 4100 m Höhe nachgewiesen; legt nur selten Erdbaue an; Nester unter Stei-

nen, mit Heu ausgepolstert; bewegt sich schnell und ruckartig; frisst vor allem Kräuter und Gräser; überwiegend dämmerungsaktiv, aber auch tagsüber zu beobachten, wenig scheu.
Die Fortpflanzungsrate der S. ist für eine Wühlmaus eher klein. Die ♀ werfen während des Sommers zweimal je 1–6, meist 3 Junge. Während der Paarungszeit (Mai-Sep) sind S. sesshaft, erwachsene ♂ und ♀ besetzen feste Territorien. Im Herbst geben S. ihre festen Gebiete auf, unternehmen größere Wanderungen und können sich zu lockeren Gruppen zusammenfinden. **RL**
Ähnliche Art: ⇨ S. 185.

Verwandt Westblindmaus *Nannospalex leucodon* · Familie Blindmäuse
Walzenförmiger Körper, rattengroß; KRL 15–24 cm, G 140–220 g; keine sichtbaren Augen und Ohrmuscheln, schwanzlos; weiches, samtiges Fell, oberseits gelblich oder rötlich braungrau, unterseits dunkelgrau; von der Nase zur Augengegend weißlicher Streifen aus Borstenhaaren. Kommt in SO-EU vor, von O-Ungarn, der Balkanhalbinsel, der Türkei und Bulgarien über Rumänien bis zur Ukraine.
Lebt als Steppenbewohner auf Grassteppen, als Kulturfolger auf Wiesen, Weiden und

Zahnstellung (halbschematisch)

Feldern (Kartoffeln, Luzerne, Rüben) bis in 2400 m Höhe; wenig gesellig; tag- und nachtaktiv; gräbt bis zu 100 m lange Gänge in bis zu 4 m Tiefe mit mehreren Vorratskammern, 1–2 Nestkammern und Kotplätzen; ernährt sich von Pflanzenwurzeln und Knollen.
Ähnliche Art: ⇨ S. 185.

Schwanz
relativ
lang

auffällig lange
Tasthaare

Schneemaus

Zwergmaus
Micromys minutus · Familie Echte Mäuse

Sehr kleine Langschwanzmaus; Oberseite gelblich rotbraun bis rostbraun, Unterseite meist scharf abgesetzt weiß; Greifschwanz; Ohren nur wenig aus dem Fell ragend.

Fell oberseits gebietsweise auch dunkelbraun, Unterseite manchmal grau- oder gelblich weiß; dunkelbraune, relativ kleine Augen; 4 Paar Zitzen. KRL 5–7,8 cm, SL 4,5–7,5 cm, G 3,5–13 g.

Verbreitung Von N-Spanien und M.-EU über O-EU bis Japan, isolierte Vorkommen in SO-Tibet und S-China.

Lebensweise Die dämmerungs- und nachtaktiven Z. sind als spezialisierte Halmkletterer ursprünglich an hochgrasige, feuchte Wiesen mit Rohr-, Schilf-, Rohrglanzgras- und Seggenbeständen angepasst. Als Sekundärlebensräume besiedeln Z. bei uns auch zugewachsene Schlammteiche, Hecken, Getreideäcker, bei hoher Populationsdichte sogar vergraste Walddickungen. Auch in Reisfeldern kommen sie vor, z. B. in der italienischen Po-Ebene. Ihr ursprünglicher Lebensraum zeichnet sich durch hohe Grundwasserstände oder häufige Überschwemmungen aus, die eine dauerhafte Besiedlung durch bodenbewohnende Arten nicht zulassen. Ähnliches gilt auch für Getreideäcker, die regelmäßig umgepflügt werden.

Im Halmwald finden die geschickten Kletterer ihre Nahrung in Form von Gras-, Getreide- und Krautsamen, Insekten und deren Larven. Dort bauen sie im Sommer, meist in einer Höhe von 60–100 cm, ihre kugeligen oder ovalen Hochnester. Die Schlafnester von 5–7 cm Durchmesser haben zwei seitliche Eingänge, das 6–10 cm große Wurfnest hat nur einen Eingang. Zum Bauen zerfasern sie die Blätter mehrerer benachbarter Halme, verflechten sie untereinander und legen durch Einziehen anderer, frisch abgebissener Pflanzenteile die Nestkugel an, die sie mit fein zersplissenem Material auspolstern.

Nach 21 Tagen Tragzeit bringt das ♀ bis zu 6-mal jährlich (Mai–Okt) meist 5–6 Junge zur Welt. Diese verlassen mit 13 Tagen das Nest und werden mit 18 Tagen entwöhnt. Bis zur Geschlechtsreife mit 5 Wochen verbringen sie eine Zeit mit übermütigen Spielen im „Halmwald".

Wissenswert! Z.-Populationen unterliegen starken zyklischen Schwankungen.

Brandmaus
Apodemus agrarius · Familie Echte Mäuse

Ähnlich der Waldmaus (⇨ S. 96), aber mit typischem, 2–3 mm breitem, schwarzem Aalstrich auf dem Rücken von der Stirn bis zur Schwanzwurzel.

Schwanz meist kürzer als der Körper; Fell im Sommer rehbraun, im Winter graubraun.

KRL 8,5–12,3 cm, SL 7–9 cm, G 16–25 (35).

Verbreitung M.-EU und O-EU sowie Asien bis O-China.

Lebensweise Bewohnt sehr unterschiedliche Biotope, tag- und nachtaktiv; wenig gesellig; gräbt Gänge dicht unter der Erde mit erweiterten Nestkammern und Vorratslager, in das Eicheln, Bucheckern und Blätter eingetragen werden; Paarungszeit Apr–Okt; mehrere Würfe mit je 3–9 Jungen; v. a. im Frühjahr neben pflanzlicher auch sehr viel tierische Nahrung, besonders Insekten und andere Wirbellose.

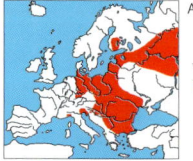

Aalstrich

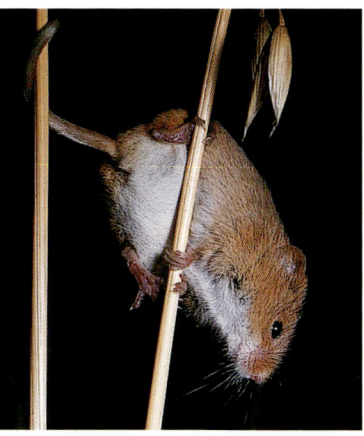

Zwergmaus Typisch: ein Greifschwanz zum Klettern

Brandmaus mit auffälligem Aalstrich von der Stirnmitte bis zur Schwanzwurzel

Gelbhalsmaus
Apodemus flavicollis · Familie Echte Mäuse

Sehr ähnlich der Waldmaus, aber Augen und Ohren etwas größer, Schwanz meist mehr als körperlang; oberseits gelbbraun, Unterseite meist reinweiß mit scharfer Farbgrenze.

Zwischen den Vorderfüßen ockergelbes Querband oder wenigstens runder Fleck, breiter als bei der Waldmaus. Jungtiere grauer. KRL 8,5–13 cm, SL 9,5–13,5 cm, G 22–45 g.
Verbreitung Von S-England über M.-EU und S-EU nach O bis zum Ural und Kaukasus; in großen Teilen von W-EU fehlend.
Lebensweise G. bevorzugen alte Laubwälder, v. a. Buchen- und Eichen-Hainbuchenwälder mit Haselsträuchern. Sie sind ty-

pischere Waldtiere als die Waldmaus (trotz des Namens). Die guten Kletterer und Springer nutzen intensiv die Baum- und Strauchschicht. Ihre Baue legen die dämmerungs- und nachtaktiven G. vorwiegend unter Wurzelwerk, in felsigem Gelände unter Steinblöcken an, nutzen aber auch verlassene Vogel- oder Haselmausnester und Nistkästen. Von Mär bis Okt kommen in 2–3 Würfen je 3–8 Junge zur Welt.
Wissenswert! Die Nahrung der G. besteht vorwiegend aus Samen, wobei Baumsamen wie Bucheckern, Eicheln und Eschensamen bevorzugt und z. T. in Verstecken gehortet werden. In einem G.-Winterdepot in einem Nistkasten wurden einmal 123 Eicheln, 1 Kastanie und 1 Walnuss gezählt. Gegenüber Erddepots haben solch hoch gelegene Vorratsspeicher den Vorteil, dass sie nicht von Wildschweinen entdeckt und leergefressen werden können.
Ähnliche Arten: ⇨ S. 186.

Kehlband   Kehlfleck

Waldmaus
Apodemus sylvaticus · Familie Echte Mäuse

Ähnlich der Gelbhals- und Hausmaus (⇨ S. 100), aber ohne vollständiges „Halsband"; oberseits graubraun, ältere Tiere rotbraun, unterseits weißlich grau.

Zwischen den Vorderfüßen mehr oder weniger ausgeprägter rotgelber oder ockerfarbener länglicher Fleck; große Augen und Ohren. KRL 8–11 cm, SL 7–11 cm, G 15–32 g.
Verbreitung Ganz EU außer dem N, nach O bis Altai; N-Afrika.
Lebensweise W. sind ökologisch sehr anpassungsfähig. Sie leben in Hecken, an Waldrändern, auch im geschlossenen Wald (wo aber die Gelbhalsmaus dominiert), auf Ruderalflächen, in Parks und Gärten (im

einem Erdbau an. Die Zugänge werden oft durch Zweige oder Steine bedeckt. Die nachtaktiven W. fressen bevorzugt Samen von Kräutern, Gräsern und Bäumen, daneben auch Insekten, und legen Vorräte an. In der Fortpflanzungsperiode von Feb–Sep bringen die ♀ in 3 Würfen nach einer Tragzeit von 23–26 Tagen jeweils 5–6 Junge zur Welt. Die Geschlechtsreife kann bereits nach 3 Monaten eintreten.
Wissenswert! Werden W. im Geäst erschreckt, springen sie zu Boden und flüchten dort, während Haselmäuse (⇨ S. 102) in derselben Situation nach oben klettern.
Ähnliche Art: ⇨ S. 186.

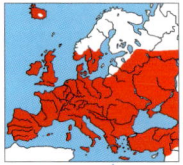

Winter auch in Häusern). W. springen sehr gut und klettern gern auf Bäume. Ihre Nester aus Laub und Moos legen sie meist in

Jungtier

Gelbhalsmaus hat besonders große Augen und Ohren

Waldmaus

Haselnüsse, von Wald- maus benagt

Wanderratte

Rattus norvegicus · Familie Echte Mäuse

Größer und gedrungener als die Hausratte; im Vergleich zu dieser stumpfere Schnauze, kleinere Ohren, dickerer Schwanz, kürzer als der Körper; Fell rauer, weniger glänzend.
Rücken graubraun bis rotbraun, auch schwärzlich, Bauch grauweiß bis grau; besonders lange Grannenhaare am Rücken; Jungtiere dunkler. KRL 20–28 cm, SL 17–23 cm, G 270–580 g.
Verbreitung Ursprünglich O-Asien; durch den Menschen weltweit verbreitet.
Lebensweise Obwohl W. selbstständig in der Natur vorkommen können, leben sie hauptsächlich in Nähe des Menschen. In

Städten bewohnen sie Abwasserkanäle und die unteren Teile von Gebäuden, kommen aber auch in der Feldflur und an Gewässern vor.

Wanderratte

Hausratte

Hausmaus

Die Nahrung der dämmerungs- und nachtaktiven Tiere, die gut schwimmen, tauchen und klettern können, ist sehr variabel und umfasst neben Nahrungsmitteln und Abfällen pflanzliche und tierische Kost jeder Art, auch Aas. Die geselligen Tiere leben in Familienverbänden mit bis zu 200 Mitgliedern und hierarchischer Rangordnung. Ihr Sozialleben und Fortpflanzungsverhalten gleicht weitgehend dem der Hausratte.

Hausratte

Rattus rattus · Familie Echte Mäuse

Kleiner und schlanker als die Wanderratte, schmalere Silhouette und spitzere Schnauze; große Ohren, die nach vorn geklappt die großen Augen bedecken.
Drehrunder, einfarbig grauer, nackter Schwanz, in der Regel länger als der Körper; glattes Fell mit längeren Grannenhaaren im Rückenbereich; in EU 3 Farbvarianten: völlig grauschwarz, graubraun mit grauem Bauch sowie graubraun mit weißem Bauch. KRL 16–24 cm, SL 18–26 cm, G 150–250 g.
Verbreitung In frühgeschichtlicher Zeit durch den Menschen aus SO-Asien nach EU eingeschleppt; heute weltweit vorkommend und viel häufiger als die Wanderrat-

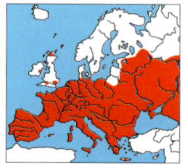

te, v. a. im Inneren der Kontinente; in N-, W- und M.-EU nicht überall verbreitet, gebietsweise durch die Wanderratte verdrängt.

Lebensweise H. sind vorwiegend nachtaktiv. Im Gegensatz zu Wanderratten klettern H. sehr gut, schwimmen aber ungern. Ihre Nester legen sie auf dem Boden, auf Bäumen oder in unterirdischen Höhlen an. In Gebäuden werden sie mit Holzwolle, Textilresten, Papier oder Stroh ausgekleidet, im Freiland mit Blättern, Gräsern und kleinen Zweigen. H. paaren sich zwischen Mär und Sep, z. T. auch ganzjährig. Ihre Fortpflanzungsfähigkeit ist schwächer als bei der Wanderratte. In 3–5 Würfen werden jeweils 5–7 Junge geboren, manchmal in großen Gemeinschaftsnestern. Das Sozialleben der H. ist mit dem der Wanderratte vergleichbar, wenn auch weniger komplex.
Wissenswert! H. sind mit ihrem Schmutz und ihren Flöhen Überträger zahlreicher Krankheiten auf andere Tiere und auf den Menschen. Sie trugen wohl auch die Hauptschuld an der Ausbreitung der großen Pestepidemien im Mittelalter. **RL**

Wanderratte   Schwanz etwas kürzer als der Körper, Ohren kleiner als bei der Hausratte

Hausratte   Schwanz länger als der Körper, Ohren größer als bei der Wanderratte

Westliche Hausmaus

Mus domesticus · Familie Echte Mäuse

Ähnlich der Waldmaus (⇨ S. 96), jedoch kleiner; körperlanger, nie zweifarbiger Schwanz; kleinere Augen und Ohren, kürzere Hinterfüße als die Waldmaus.

Fell am Rücken graubraun bis schwarz gefärbt, Unterseite etwas heller. KRL 7,2–10,3 cm, SL 5–10,2 cm, G 10–36 g.
Verbreitung Ursprünglich in den Steppen Zentralasiens; Anschluss an den Menschen schon in vorgeschichtlicher Zeit; mit Getreideanbau und Warenverkehr nach und in EU verbreitet, heute weltweit vorkommend.
Lebensweise Die dämmerungs- und nachtaktiven W. H. haben einen ausgezeichneten Geruchs- und Gehörsinn, können schnell  laufen und gut klettern, springen und schwimmen. Tagsüber halten sich die Tiere in ihren Verstecken auf, in Gebäuden z. B. in Zwischenböden oder Hohlräumen, im Freien in Erdbauen mit Nest- und Vorratskammern. W. H. leben in Familienverbänden mit einem dominanten ♂, mehreren erwachsenen ♀ und Jungen aller Altersstufen. Das Familienrevier wird mit Urin markiert, jede Sippe hat offenbar ihren eigenen Familiengeruch. Neben Pflanzenkost und menschlichen Vorräten verzehren W. H. auch Insekten.
Wissenswert! Während sich die Tiere im Freiland von Apr–Okt fortpflanzen (bis zu 4 Würfe), vermehren sich W. H. in Gebäuden ganzjährig (bis zu 8 Würfe). Bei höherer Populationdichte werden junge ♀ steril.

> **Ähnlich** **Östliche Hausmaus** *Mus musculus*, Schwanz kürzer als bei Westl. H.; schließt im O an das Gebiet der Westl. H. an (in Verbreitungskarte grün); im Sommer im Freien, im Winter in Gebäuden. Weitere ähnliche Arten: ⇨ S. 186.

Kretastachelmaus

Acomys minous · Familie Echte Mäuse

Ähnlich der Haus- und Waldmaus; am Mittel- und Hinterrücken abgeplattete, stachelige Haare, die nach vorn sowie seitlich in normale, aber dickborstige Haare übergehen.

Kleiner, weißer Fleck hinter den großen Ohren. KRL 9,2–12,5 cm, SL 9–12 cm, G 33–86 g.
Verbreitung Nur auf Kreta.
Lebensweise Die dämmerungs- und nachtaktiven Tiere leben auf Kreta in der mediterranen Zwergbuschsteppe, die von spalten- und höhlenreichen Felsbänken durchzogen ist. Sie können sich kurzzeitig auch in Gärten und Häusern aufhalten. K. graben offenbar keine eigenen Baue, sondern bewohnen Felsspalten, in denen sie auch keine richtigen Nester anlegen. In Nischen finden sich häufig Fraßplätze, an denen aufgenagte Schneckenhäuser, Reste von Gliedertieren, Samenschalen und andere Pflanzenteile zu ganzen „Abfallhalden" aufgehäuft sind. K. leben sozial in Familienverbänden. Nach 34–37 Tagen Tragzeit werden 1- bis 5-mal jährlich je 1–4 Junge geboren. Die Jungen sind bereits so weit entwickelt, dass sie nach wenigen Stunden laufen, nach 2 Tagen ihre Augen öffnen und mit 6 Tagen selbstständig sind. Dennoch werden sie knapp 3 Wochen lang gesäugt.
Wissenswert! Bei der Geburt wie bei der Jungenaufzucht zeigen K. ein unter Nagetieren einmaliges „Hebammenverhalten". Andere ♀ des Familienverbands leisten aktive Geburtshilfe, versuchen das Neugeborene an sich zu nehmen und zu säugen. Die Jungen dürfen bei allen Müttern trinken und werden von jedem ♀ gepflegt.

Schwanz einfarbig

Westliche Hausmaus

Stachelhaare auf dem Rücken

Kretastachelmaus mit Jungtier

Siebenschläfer
Glis glis · Familie Schläfer

Größte Schläferart, eichhörnchenähnlich mit grauem, buschigem Schwanz; große Augen, kurze, gerundete Ohren; Oberseite und Flanken braun- bis silbergrau getönt.
Bauchseite hellgrau oder cremefarben. KRL 13–20 cm, SL 10–18 cm, G 70–180 g.
Verbreitung Von N-Spanien über S- und M.-EU ostwärts bis zur Wolga und zum Kaukasus, vereinzelt in Anatolien.
Lebensweise Lebensraum der dämmerungs- und nachtaktiven, gewöhnlich ortstreuen S. sind unterholzreiche Laub- und Mischwälder, auch Obst- und Weingärten sowie Parks. Dort leben sie häufig in

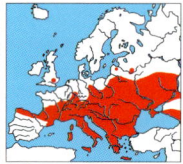

lockeren Gruppen gesellig und ohne erkennbare Rangordnung zusammen. Ihre Lautäußerungen reichen von Quiek- und Pfeiflau-

ten über Zähnerattern bis zu zwitschernden Rufen und „Drohsurren". Ihre Nester bauen S. in Baumhöhlen, Felsspalten, Dachböden oder Nistkästen. Im Sommer bringen die ♀ einen Wurf mit meist 5–7 Jungen zur Welt, die mit 8 Wochen selbstständig sind. S. verzehren neben Blättern, Samen u. a. pflanzlicher Kost auch Insekten, Vogeleier und -nestling. Manchmal legen sie Vorräte an (kl. Foto: Eicheln, vom S. benagt).
Wissenswert! Der S. hält den Rekord im Winterschlafen. Schon im Sep/Okt tritt er in einer selbstgegrabenen Erdhöhle den Winterschlaf an, erst im Mai/Jun wacht er wieder auf.

Haselmaus
Muscardinus avellanarius · Familie Schläfer

Kleinste Schläferart, hausmausgroß; Felloberseite rotbraun bis orangefarben, Unterseite gelblich weiß; rundlicher Kopf mit großen Knopfaugen.
Runde, gut sichtbare Ohren; langer, stark behaarter Schwanz mit angedeuteter Endquaste. KRL 6,5–8,5 cm, SL 5,5–7,8 cm, G 15–35 g.
Verbreitung Von S-Frankreich nach O bis zur Wolga, in N-EU und Kleinasien fehlend.
Lebensweise H. leben hauptsächlich in unterholzreichen Laub- und Mischwäldern, wo sie sich als ausgezeichnete Kletterer fast nur im Gezweig aufhalten. Die dämmerungs- und nachtaktiven Tiere bauen ihre kugeligen Nester mit seitlichem Eingang

aus dürrem Gras, Bast und Laub freistehend in dichtem Gebüsch oder jungen Bäumen. Ihre Nahrung besteht v. a. aus Knospen, Blättern, Blumen, Beeren und Steinobst, im Sommer auch Insekten und Weichtieren. Die ungeselligen H. bewohnen ihre Schlaf- und Wurfnester meist allein. Sie überwintern am Boden unter Laub, in Erdlöchern oder in ihren Nestern. **RL, §§**

Haselmaus

Gartenschläfer

Baumschläfer

Siebenschläfer

Siebenschläfer charakteristisch: der buschige Schwanz; Bild rechts: im Nest

Haselmaus Schwanz dicht behaart, aber schlank; Bild rechts: Nest

Gartenschläfer
Eliomys quercinus · Familie Schläfer

Kontrastreichster europäischer Schläfer; auffällige schwarze Gesichtszeichnung bis hinter die Ohren; kurz behaarter Schwanz mit schwarz-weißer Endquaste.

Kleiner, schlanker und spitzköpfiger als der Siebenschläfer (⇨ S. 102), größere Ohren. KRL 11–17 cm, SL 9–13 cm, G 50–150 g (im Herbst noch schwerer).

Verbreitung Von Portugal über M.- und S-EU bis zum Ural, ferner N-Afrika.

Lebensweise G. bewohnen felsige Gebiete mit Nadel- und Mischwäldern, Karstlandschaften, Kulturland mit Lesesteinmauern und Weingärten. Bisweilen halten sich die

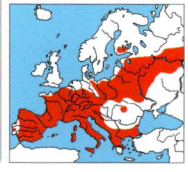

Tiere ganzjährig in Häusern (Vorratskammern) auf. Im Gebirge kommen sie bis in 2500 m Höhe vor, dort oft in Berghöfen und Hütten. Die sehr stimmfreudigen G. lassen oft ein Grunzen, Keckern und Pfeifen hören. Manchmal bauen sie freistehende, kugelige Nester aus Gras und Moos in Bäumen, häufiger aber beziehen sie alte Eichhörnchen- oder Vogelnester oder legen unordentliche Nester in Gesteinsspalten, Baumhöhlen, Nistkästen oder menschlichen Behausungen an. Die Allesfresser ernähren sich von Baumsamen, Früchten, Knospen, Rinde und – mehr als die anderen Schläfer – von tierischer Kost (Insekten, kleine Reptilien, Nagetiere, Vogeleier und -junge). In der Paarungszeit von Apr–Sep werden in 1–2 Würfen jeweils 2–9 (meist 4–6) Junge geboren, die 4 Wochen gesäugt werden, mit 18 Tagen die Augen öffnen, nach 2 Monaten selbstständig und nach dem ersten Winterschlaf geschlechtsreif sind.

Baumschläfer
Dryomys nitedula · Familie Schläfer

Vom Gartenschläfer durch geringere Größe, viel kürzere Ohren und buschigen Schwanz ohne Quaste unterscheidbar; schwarze Binde vom Auge bis zum Ohr.

Rücken aschgrau bis rotbraun; gelbliche Unterseite. KRL 8–12 cm, SL 7–10 cm, G 17–40 g.

Verbreitung M.-, SO- und O-EU sowie von Kleinasien bis Pakistan und zum Altai.

Lebensweise B. bewohnen Nadel- und Mischwälder, gebietsweise auch reine Laubwälder, in den Alpen bis in 2300 m Höhe. Die vorwiegend nachtaktiven B. bewegen sich zumeist auf Bäumen und im Unterholz. Je nach Jahreszeit verzehren sie

Käfer, Raupen und Schmetterlinge, Vogeleier und -junge, Sämereien, Sprosse, junge Zweige, Beeren und Obst. Tagsüber schlafen sie in ihren Nestern aus Blättern und getrocknetem Gras in Büschen. Zum Winterschlaf kugeln sich B. in dick mit Laub ausgepolsterten Nestern zusammen, die sie in Erdhöhlen, zwischen Baumwurzeln oder niedrig im Buschwerk anlegen. Bei leichter Erregung lassen B. vogelartig wohlklingende Laute hören, bei Gefahr pfeifen und schnalzen sie. **RL, §§**

Ähnliche Art: ⇨ S. 186.

Gartenschläfer charakteristisch: eine schwarz-weiße Schwanzendquaste

Baumschläfer Schwanz buschig, ohne Quaste

Jungtiere

Waldbirkenmaus
Sicista betulina · Familie Springmäuse

Sehr klein; Schwanz 1½-mal kör-perlang; schwarzer Aalstrich von der Nasen- bis zur Schwanzwurzel; Fell an Kopf, Rücken und Seiten mit dunklen Grannenhaaren.

Bauchseits weißlich grau; 5. Hinterfußzehe fast senkrecht abspreizbar. KRL 5–7,6 cm, SL 7,4–11 cm, G 5–15 g.
Verbreitung EU u. W-Asien, in M.-EU selten.
Lebensweise W. kommen im N ihres Verbreitungsgebiets in der Taiga, im S im Laubwald vor. Sie bewohnen Waldmoore, vegetationsreiche Flussufer, feuchte Waldwiesen, Hochmoore, Birken- und Nadelwald mit dichtem Unterwuchs, im Gebirge bis in 2000 m Höhe die Krummholzzone und Almen. Vorwiegend sind sie in der Dämmerung und nachts aktiv. Mithilfe ihres

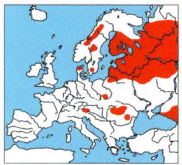

langen Schwanzes klettern sie geschickt in Stauden und Gebüsch umher. Sie ernähren sich von Sämereien, Beeren, kleinen Insekten und Spinnen. Ihre runden Sommernester bauen sie in Baumstubben oder Bodenmulden, den Winterschlaf (Okt–Mai) verbringen sie in Bodenlöchern. Die ♀ werfen jährlich einmal 2–7 Junge. §§

Ähnlich **Steppenbirkenmaus** *Sicista subtilis*, Schwanz um ⅓ länger als KRL; bevorzugt in offenen Landschaften vom äußersten O-Österreich über Ungarn, Rumänien und S-Russland bis zum Baikalsee.

Nutria
Myocastor coypus · Familie Biberratten

Biberähnlich, aber drehrunder Schwanz; Fell mit dichter Unterwolle und starken Grannenhaaren; oberseits gelbbraun bis schwärzlich, unterseits heller.

Auch Albinos kommen vor. Zwischen den Hinterfußzehen Schwimmhäute. KRL 40–65 cm, SL 30–45 cm, G 3–9(12) kg.
Verbreitung Subtropisches und gemäßigtes S-Amerika. In EU aus Pelztierfarmen entkommen oder absichtlich zur Vegetationsregulierung oder Pelzproduktion freigesetzt.
Lebensweise Die dämmerungs- und nachtaktiven N. halten sich sehr viel im Wasser auf. Sie schwimmen und tauchen ausgezeichnet, auch die Nahrungsaufnahme fin-

det bevorzugt im Wasser statt. Die reinen Vegetarier fressen vielerlei Wasserpflanzen. Weil sie auch Wurzeln ausgraben, können die

Tiere ganze Pflanzenbestände gefährden. N. halten keinen Winterschlaf. Sie pflanzen sich zu allen Jahreszeiten fort und sind schon mit 3–9 Monaten geschlechtsreif. 2 Geburten pro Jahr sind möglich. Als Nestflüchter schwimmen die Jungen schon bald nach der Geburt und nehmen feste Nahrung auf. N. leben meist einzeln in sich überlappenden Wohngebieten, in denen sie nur die Fress- und Ruheplätze verteidigen. Am Rande langsam fließender oder stehender Gewässer bewohnen sie selbstgegrabene Uferhöhlen mit Nestkammer oder legen im Flachwasser Schilfnester an.
Wissenswert! Versperrt man einem N. die Flucht ins Wasser, kann er mit einem großen Sprung beherzt angreifen und auch empfindlich zubeißen.

in Pelzfarm

Waldbirkenmaus   kenntlich am schwarzen Aalstrich und sehr langen Schwanz

Nutria   hier gut zu erkennen: Fell mit langen, starken Grannenhaaren

Stachelschwein

Hystrix cristata · Familie Stachelschweine

Gut hasengroß; nach dem Biber zweitgrößtes Nagetier der Alten Welt; schwarz-weiß gebänderte, etwa 30 cm lange Stacheln auf Rücken und Flanken.

Kopf mit samtartigen Haaren, deutliche Nackenmähne; kurze Füße und Ohren, relativ kleine Augen; nackte Fußsohlen, kräftige Krallen. KRL 50–70 cm, SL 4–6 cm, G 10–15 kg, aufgrund der Mähne und Stacheln jedoch größer wirkend.

Verbreitung In EU auf Italien beschränkt; hier von Sizilien nach N bis zur Toskana mit nördlichstem Vorkommen bei Lucca, östlich des Apennin nicht so weit nach N, nur bis zum Monte Gargano; außerhalb von EU in N-Afrika und südwärts bis zum Kongo und nach N-Tansania; fehlt im Sahara-Bereich einschließlich Ägypten (im Sinai lebt *H. indica*, eine ansonsten südwestasiatische Art).

Lebensweise In Italien leben S. von der Ebene bis in rund 600 m Höhe vor allem in zerklüftetem Gelände mit Macchie und einem Gemisch von Brachflächen, Kulturland und schütterem Wald. Die rein nachtaktiven Tiere verfügen über ein feines Gehör und einen gut entwickelten Geruchssinn. Sie verzehren Wurzeln, Knollen, Früchte, Getreide und Rinde. In der Toskana gehören zu ihrer Nahrung ebenso Kartoffeln, Rüben, Zwiebeln, Weißkohl-Köpfe, Früchte und Samen von Mais, Bohnen, Melonen, Gurken und Wein. Häufig benagen S. auch Knochen (Nagespuren an fossilen Knochen können Hinweise auf ein einstiges Vorkommen von S. liefern).

S. bevorzugen relativ trockene, stark gegliederte Lebensräume, in denen sie in natürlichen Höhlen oder selbstgegrabenen Bauen Unterschlupf finden. Dort leben sie einzeln oder mit Artgenossen zusammen. Als Laute sind Fauchen, Knurren, Schnarren, beim

Umgang mit den Jungen ein leises Grunzen zu hören. Aufrichten der Mähne und Aufstellen der Rückenstacheln stellen ein Drohsignal dar. Die meist schwarz-weiß gebänderten Stacheln sind teils lang, dünn und biegsam, teils als dickere, kürzere Spieße („quills") ausgebildet, die als wirksame Abwehrorgane eingesetzt werden. Sie tragen im Gegensatz zu den Stacheln der amerikanischen Baumstachler aber keine Widerhaken am Ende. Am Schwanzende der S. sitzen ca. 12 hohle, zu Rasselbechern umgeformte Haare mit einer dünnen Basis und einer becherförmigen Spitze. Der offene Rasselbecher entsteht, indem die Spitze des ursprünglich als Stachel entstandenen Gebildes abbricht. Bei Bewegungen vibrieren die Rasselbecher leicht, schlagen an benachbarte Stacheln und erzeugen ein klapperndes Geräusch. Schon kurz nach der Geburt drohen junge S. mit Stachelsträuben, obwohl diese noch zu kurz und zu weich für eine Geräuscherzeugung sind. Wenn sich die S. bei Bedrohung schütteln, können locker sitzende Stacheln weggeschleudert werden, ohne dass damit jedoch gezielt auf den Angreifer „geschossen" wird.

Nach einer Tragzeit von 7–8 Wochen werden 2- bis 3-mal im Jahr 1–4 (meist 2) Junge in einem ausgepolsterten Wurfnest geboren. Als Nestflüchter haben die Jungen bereits die Augen offen, ihre noch weichen Stacheln härten in wenigen Tagen aus. Obwohl sie nach 3 Wochen schon feste Nahrung aufnehmen, werden die Jungen bis zu 8 Wochen gesäugt. Die Geschlechtsreife tritt im 2. Lebensjahr ein.

Wissenswert! Die heutigen in EU lebenden S. gehen sehr wahrscheinlich auf Tiere aus N-Afrika zurück, die von den Römern ausgesetzt wurden.

Stacheln

Borsten

Wollhaare

Rücken und Flanken
mit Stacheln

Stachelschwein   unteres Bild: in der Mitte ein Jungtier

Goldschakal

Canis aureus · Familie Hunde

Gestalt und Färbung wolfsähnlich, jedoch schlanker und nur etwa halb so hoch wie der Wolf (Zeichnung!); Oberseite gelbbraun, Unterseite grauweiß.

Kehle, Vorderbrust, Kinn und Lippen hell; je nach Gegend Gesamtfärbung rötlich oder mehr dunkelfahlbraun, bisweilen kleine Schulterschabracke; Schwanzende schwarz, leicht gestutzt wirkend; Welpenfell wollig graubraun; 4 Paar Zitzen. KRL 65–105 cm, SL 18–27 cm, G 8–15 kg.

Verbreitung Von N-Afrika, dem Balkan und (vereinzelt) Kleinasien im W bis Indien, Thailand im O; in Afrika südwärts bis Kenia, westwärts bis zum Senegal; in Asien bis Aralsee und Kaukasus; in SO-EU nordwärts bis Dalmatien, Ungarn und Österreich.

Lebensweise In EU meidet der G. bewaldetes Hochland oder offene Flächen. Ebenen und Hügel mit niedriger, dichter Vegetation, wie sie oft an Küsten und Flussufern vorkommen, sind hier seine bevorzugten Wohngebiete. Entlang dicht bewachsener Flussufer kann er auch bis in Waldgebiete und Gebirge vordringen. Im Kaukasus ist das von G. bewohnte Gestrüpp so dicht, dass sie dort oft Tunnel gemeinsam mit Wildschweinen, Dachsen und Wildkatzen benutzen. Auch großflächig verschilfte Feuchtgebiete mit schwer durchdringlichem Unterwuchs werden von G. gern besiedelt. Die hauptsächlich dämmerungs- und nachtaktiven G. sind ausdauernde Läufer und gute Schwimmer. In ihrer Nahrung überwiegen Kleintiere, in erster Linie kleine Nager und Vögel. Vor allem im Winter verzehren sie ebenso Aas, auch tote Fische werden nicht verschmäht. Daneben fressen G. auch Früchte, Beeren und Mais und graben im Frühjahr Knollen und Zwiebeln verschiedener Pflanzen aus. Nur gelegentlich reißen sie auch Haustiere (Geflügel, Lämmer, Jungkälber, Fohlen, selten erwachsene Schafe). Bei tiefem Schnee und in für Huftiere schwierigem Gelände erbeuten sie

Schakal und Wolf im Größenvergleich

ausnahmsweise auch Rehe und Damwild. G. suchen ihre Nahrung gewöhnlich allein, stöbern dabei umher und schleichen sich an, um die Beute plötzlich anzuspringen. G. leben paarweise, einzeln oder im Familienverband in 2–5 qkm großen Territorien, die von ♂ und ♀ gegen fremde Artgenossen verteidigt und an den Grenzen mit Kot und Urin markiert werden. Die vielseitigen Lautäußerungen des G. reichen von Heulen, Winseln, Zischen, Grunzen und Knurren bis zum Bellen. Das Heulen ist besonders charakteristisch. Gewöhnlich beginnt ein Tier, und die anderen Schakale in Hörweite fallen ein. Bei Auseinandersetzungen kann sich Heulen mit Bellen vermischen.

Unverpaarte G. schließen sich ab Sep mit einem Partner zusammen, bereits verpaarte Tiere, die oft lebenslang zusammenbleiben, vertreiben die übrigen Gruppenmitglieder etwa einen Monat vor der Paarung. Diese wird mit einem Paarungsritual eingeleitet: Traben, Harnen, Scharren, Winseln, Abwinkeln und Anheben des Schwanzes, Vorderfuß auf Kopf des Partners legen und wechselseitiges Aufreiten vor der eigentlichen Paarung. Nach einer Tragzeit von 60–63 Tagen werden die 3–12 Welpen in einem selbstgegrabenen oder übernommenen Bau geboren. Sie öffnen nach 10–14 Tagen ihre Augen, werden 6 Wochen gesäugt und nehmen ab der 4. Woche feste Nahrung auf. Mit 6–7 Monaten werden die Jungen zur Jagd mitgenommen.

Wissenswert! G. wanderten wohl nacheiszeitlich über Kleinasien und den Bosporus nach EU ein und scheinen sich noch weiter nach NW auszubreiten. Neben dem Wolf sind sie als Stammväter der Haushunde in der Diskussion.

Goldschakal typisch: schlanker Körperbau, gelbbraune Tönung

Wolf

Canis lupus · Familie Hunde

Etwa wie ein kräftiger, hochbeiniger Schäferhund, aber Ohren kürzer; meist graubraun, in N-Kanada auch schwarz, in der Arktis weißlich.

KRL 100–160 cm, SL 30–50 cm, SH 50–100 cm, G 25–60 kg.

Verbreitung Ursprünglich gesamte nördliche Hemisphäre, in vielen Ländern ausgerottet.

Lebensweise Früher bewohnte der W. fast alle Landlebensräume, heute hält er sich nur noch in wenigen menschenarmen Regionen. Er lebt in Familien (Rudeln) aus den beiden Eltern sowie diesjährigen und älteren Jungtieren. Die zumeist 5–8 Rudelmitglieder erkennen sich am Geruch, die Reviere werden mit Duftmarken gekennzeichnet. Das Rudel verteidigt ein großes Territorium (in M.-EU 500–1500 qkm) gegen andere Rudel. Als Verständigungsmittel dient neben einer vielseitigen Gestik („Körpersprache") auch gemeinsames, langgezogenes, weit hörbares Heulen (vor allem im Herbst/Winter sowie nach Sonnenuntergang).

W. ernähren sich sehr vielseitig, insbesondere aber von Huftieren, Kleinsäugern, auch Haustieren und Aas. In Italien, wo die wilden Huftiere fast ausgerottet waren, überlebten die W. an Müllkippen. Auch in Rumänien suchen sie im Stadtmüll nach Nahrung. Ihre wichtigste Beute sind jedoch größere wilde Huftiere (Rothirsch, Elch, Rentier, Wildschaf). Im Winter jagen W. im Rudel, im Sommer, wenn viele unerfahrene Jungtiere erbeutet werden können, einzeln. Nur die beiden ranghöchsten Tiere paaren sich. Nach einer Tragzeit von rund 62 Tagen bringt das ♀ einen Wurf mit 4–7 Jungen zur Welt. Alle Mitglieder eines Rudels beteiligen sich an der Aufzucht der Jungen. Sie würgen Teile ihres Fraßes vor den Welpen halb verdaut wieder aus. Ein erwachsener W. kann bei einer Mahlzeit bis zu 15 kg Fleisch vertilgen, aber auch wochenlang hungern.

Wolf und Schäferhund

Im Schnitt tötet ein Rudel etwa pro Woche 1 Elch oder 2 Rothirsche. Die Jagd der W. ist stark selektiv, d. h. junge, sehr alte sowie kranke und geschwächte Tiere fallen ihnen leicht zum Opfer. Die Hetze eines W.-Rudels ist meist kurz, nur einige 100 m weit. Dann ist das Beutetier entweder gefangen oder entkommen. In nordischen Breiten können W. manche Beutetierarten (v. a. Elche) erheblich dezimieren und ihre Population auf geringer Dichte halten. In gemäßigten Breiten (z. B. M.- und O-EU) sind die Beziehungen noch unerforscht. Es gibt viele Gebiete mit sowohl reichlich W. als auch hohen Huftierdichten (z. B. SO-Polen und Abruzzen).

Wissenswert! W. sind nur schwer zu dulden, wo Schafe, Ziegen oder Rentiere in freier Weidewirtschaft gehalten werden. Trotzdem gibt es in den meisten Ländern erfolgreiche Traditionen, mit denen sich die Hirten vor Verlusten durch W. schützen. Wo die Schafe von Hunden bewacht und nachts in Pferchen gesammelt werden (z. B. Abruzzen, Tatra), richten W. nur wenig Schaden an. In den entwickelten Ländern ist der W. für den Menschen ungefährlich, aus Indien und Pakistan jedoch sind tödliche Übergriffe auf Kleinkinder verbürgt. Aus EU gibt es lediglich 2 nachgewiesene Fälle von Wolfsangriffen (Portugal, ebenfalls Kleinkinder).

W. erlebten ihren zahlenmäßigen Tiefststand etwa zu Beginn des 20. Jh. Neuerdings gewinnen sie wieder an Boden: Unterstützt durch das Verbot von Gift, einer Beschränkung der Jagd (Polen, Balkan) und den Anstieg der Bestände von wilden Huftieren (Italien) breiten sich W. in Polen und in den Balkanländern nach W, in Italien nach NW aus. In SO-Frankreich und im O von D sind W. dabei, neue Populationen zu begründen. §§

Wolf Bild unten: säugende Wölfin

Eisfuchs

Alopex lagopus · Familie Hunde

Kleiner als Rotfuchs, kürzere Schnauze, kleinere Ohren; 2 Farbschläge: die sog. „Weißfüchse" im Winter rein weiß, „Blaufüchse" hellbraun, grau oder anthrazit mit bläulicher Tönung (kl. Bild unten, linkes Tier ein „Blaufuchs").

Im Sommer sind die beiden Farbschläge kaum zu unterscheiden: Weißfüchse stets graubraun, Blaufüchse einfarbig grau bis braun. KRL 50–70 cm, SL 28–40 cm, SH 28–32 cm, G 4,5–8 kg.

Verbreitung N-Skandinavien, Island, arktische Inseln, im O bis Kamtschatka; N-Amerika.

Lebensweise Die tag- und nachtaktiven, sehr wanderfreudigen E. sind Bewohner baumloser Tundren. Obgleich Allesfresser, ernähren sie sich v. a. von kleineren Wirbeltieren (Lemminge, Schneehasen, bodenbrütende Vögel), aber eben auch z. B. von Eiern, Beeren und Aas. Ihre Hauptfeinde sind Wolf, Luchs, Vielfraß und Steinadler.

Der E. ist stark abhängig von den etwa 4-jährigen Populationszyklen der Lemminge. Nur in Jahren mit vielen Lemmingen bringen E. Junge zur Welt, dann allerdings bis zu einem Dutzend pro Wurf, im Extremfall sogar bis zu 20. In Jahren mit wenigen Lemmingen bleibt der Nachwuchs hingegen aus. Die Jungen werden nach einer Tragzeit von 49–56 Tagen in einer Erdhöhle oder Felsspalte geboren. Sie kommen blind und taub zur Welt und tragen bei der Geburt ein wolliges, dunkles Fell. Mit 6–8 Wochen werden sie entwöhnt, die Geschlechtsreife erreichen sie mit 1 Jahr.

Wissenswert! Die zwei Farbschläge des E. stellen Anpassungen an verschiedene Lebensräume dar. Der „Weißfuchs" lebt im Inland, der „Blaufuchs" an der Küste. Früher wurde der E. intensiv bejagt und gefangen. Vor 100 Jahren war ein einziges Fell so viel wert wie der Jahreslohn eines Arbeiters. Die Nachstellungen führten in Skandinavien beinahe zu seiner Ausrottung. Obwohl der E.

Eisfuchs

Rotfuchs

nunmehr seit rund 70 Jahren in sämtlichen skandinavischen Ländern unter Schutz steht, haben sich die Bestände bislang nicht erholt. Insgesamt rechnet man mit lediglich noch etwa 200 Tieren, die über ein riesiges Areal verstreut sind und kaum Kontakt zueinander haben. Für die stagnierende Populationsentwicklung trotz jahrzehntelangem Schutz wurden eine ganze Reihe von Gründen genannt: Konkurrenz durch den Rotfuchs, Nahrungsknappheit, zu wenige Lemminge oder auch Inzucht. Neuere Forschungen weisen alle diese Erklärungen zurück. Die Wissenschaftler vermuten heute, dass die Abstände zwischen den einzelnen E.-Familien einfach zu groß sind. Dadurch können wandernde Jungfüchse keinen Kontakt zu Artgenossen finden und gestorbene Altfüchse können nicht durch Zuwanderer ersetzt werden.

Eisfuchs   hier ein „Weißfuchs": graubraun im Sommer (oben), reinweiß im Winter (unten)

Rotfuchs
Vulpes vulpes · Familie Hunde

Unverwechselbare Gestalt; dichtes Fell, oberseits gelbrot bis rotbraun, unterseits hellgrau bis weiß; buschiger Schwanz, an der Spitze oft weiß.

Neugeborene schiefergrau. KRL 50–90 cm, SL 30–50 cm, SH 35–45 cm, G 2,5–10 kg.
Verbreitung Beinahe ganz EU; große Teile N- und Zentralasiens sowie N-Amerikas.
Lebensweise Der vorwiegend dämmerungs- und nachtaktive R. kommt in nahezu allen Landlebensräumen bis über die Waldgrenze vor, auch in Siedlungen, sogar inmitten von Großstädten. Außerhalb der Fortpflanzungszeit ist er einzelgängerisch. Zum Schlafen und zur Jungenaufzucht dient ihm ein Erdbau, den er selbst gräbt oder vom Dachs übernimmt. Sein Territorium (0,1–50 qkm) markiert er mit Harn und Kot. Streitende Füchse keckern, in der Paarungszeit ist oft ein kreischendes Bellen zu hören. Der R. ist ein ausgesprochener Allesfresser, der sich von Kleinsäugern, Vögeln, Insekten, Regenwürmern, Aas, Obst und Beeren ernährt. Seine Hauptbeute jedoch sind Mäuse. Als natürliche Feinde hat er vor allem den Wolf, Goldschakal, Luchs, Adler und Uhu (Jungfüchse) zu fürchten.

Bei hoher Populationsdichte bildet der R. Familien aus 1 ♂ mit mehreren ♀, bei geringer Dichte (z. B. im hohen Norden) leben R. paarweise. Außer zur Paarungszeit werden R. allerdings fast nur einzeln gesehen, dabei haben sie aber über Duftmarken (an markanten Plätzen abgesetzter Kot und Urin) ständig Kontakt untereinander.

Das ♀ bringt nach einer Tragzeit von etwa 52 Tagen meist 4–7, in Einzelfällen bis zu 10 Junge pro Wurf zur Welt, die 7–9 Wochen gesäugt werden und mit 3–5 Monaten selbstständig sind.

Wissenswert! Der Einfluss des R. auf seine Beutetierpopulationen ist von Fall zu Fall verschieden. Nachgewiesen ist, dass eine hohe Fuchsdichte zu einer Reduktion der Feldhasen führen kann. Auf manchen Inseln dezimieren R. den Brutbestand bodenbrütender Wasservögel. Deckungsarme Lebensräume erleichtern dem R. den Beutefang entscheidend.

Wegen seiner Häufigkeit, seiner weiten Verbreitung und seiner Anpassungsfähigkeit (Leben in Siedlungen) ist der R. der bedeutendste Tollwutüberträger. Früher wurden die R.-Bestände regelmäßig durch Tollwutepidemien reduziert (auch durch Räude). Durch die Impfung mit Ködern ist die Krankheit in D heute weitgehend erloschen. In vielen Ländern (auch in D) ist der R. Träger des Fuchsbandwurms, dessen Entwicklungsstadien beim Menschen zu schwerer Erkrankung und sogar zum Tod führen können.

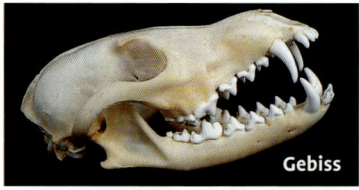
Gebiss

Trittspur

Viole (Duftorgan)
◁ Kot
Analdrüsen

l. h.+ l. v.   l. h. + l. v.   schnürend

r. h.+ r. v.   r. h.+ r. v.

weiße Schwanz-
spitze

Rotfuchs unteres Bild: ein ♀ mit Jungen im Bau

Marderhund
Nyctereutes procyonoides · Familie Hunde

Fuchsgroß, aber kurzbeinig, kürzerer Schwanz, langhaariges Fell; Gestalt, Gesichtsmaske und Fell waschbärähnlich.

KRL 50–80 cm, SL 15–25 cm, G 4–6 kg (Sommer), 6–10 kg (Winter).

Verbreitung Heimisch in O-Asien, China, Korea, Japan; nach Einbürgerung als Pelztier in der Ukraine (1928–1955) Ausbreitung nach N-EU (Finnland), M.- und S-EU.

Lebensweise Besiedelt busch- und schilfreiche Flusstäler, Laub- und Mischwälder, oft in Gewässernähe; versteckt lebend, vorwiegend nachtaktiv; Einzelgänger oder paarweise, manchmal Familienverband; Spur ähnlich Fuchsspur (⇨ S. 116), aber Zehen stark gespreizt. Der M. nimmt, wenngleich er Allesfresser ist, doch vorwiegend tierische Nahrung auf. Von Dez–Feb hält er Winterruhe in einem selbstgegrabenen Bau. Das ♀ bringt nach einer Tragzeit von 59–63 Tagen meist 6–8 Junge zur Welt.

Wissenswert! Seit seiner Aussetzung in der Ukraine breitet sich der M. kontinuierlich in Richtung W aus. Im Jahr 2000 waren bereits alle neuen deutschen Bundesländer von ihm besiedelt.

Gesichtsbart

Marderhund △ und Rotfuchs ▽ im Größenvergleich

Waschbär
Procyon lotor · Familie Kleinbären

Größer als eine Hauskatze; charakteristische schwarze Gesichtsmaske, gedrungener Körper, kurze Beine, buschiger, schwarz geringelter Schwanz.

KRL 40–70 cm, SL 20–30 cm, G 5–16 kg.

Verbreitung Heimisch in N- und Mittelamerika. 1934 wurden W. in Hessen ausgesetzt. Seither sind sie in EU in Ausbreitung begriffen, zurzeit leben sie in D, Frankreich, Luxemburg, Holland und Österreich.

Lebensweise Bewohnt Laub- und Mischwälder, Seen- und Sumpfgebiete, Flusstäler, auch den Siedlungsraum; dämmerungs- und nachtaktiver Einzelgänger, tagsüber versteckt in Baum- und Erdhöhlen; Allesfresser, benutzt Vorderpfoten als Hände; hält in kalten Wintern Winterruhe, die aber häufig unterbrochen wird. Der W. ist stark abhängig von Baumhöhlen. Andererseits passt er sich hervorragend an menschliche Siedlungen an. In manchen Städten werden W. zu Dutzenden an Fütterungen gelockt. Nach etwa 60 Tagen Tragzeit kommen pro Wurf meist 5–8 Junge zur Welt, die bei der Geburt blind und wollig behaart sind.

Wissenswert! Der W. hat sehr bewegliche, schmale Greifhände, mit denen er Eier und Jungvögel in engen Bruthöhlen erfassen kann. Außerdem konkurriert er mit Marder und Waldkauz um Baumhöhlen. Daher gilt er als Feind der Baumbrüter, doch konnte ein messbarer Einfluss auf andere Arten bisher nicht nachgewiesen werden.

Greifhand

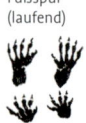

Fußspur (laufend)

Gesichtsbart

Marderhund

Schwanz
schwarz
geringelt

„Greif-
hand"

Waschbär

Braunbär
Ursus arctos · Familie Bären

Groß, gedrungen, unverwechselbare Gestalt. Einzige Bärenart in EU.

Für die europäische Unterart des B. gilt: KRL 170–250 cm, SL 6–14 cm, SH 90–110 cm, G 120–250 kg und darüber.

Verbreitung Einst in der gesamten Paläarktis und in N-Amerika, heute in EU nur noch Restvorkommen. In Schweden lebten im Jahr 2000 über 1000 B. (Tendenz steigend), in Rumänien etwa 6600, in den Balkanländern etwa 4000. Kleine Populationen halten sich in Kantabrien (rund 80 Tiere), in den Abruzzen (40–80), in SO-Polen (90), der Slowakei (700) und im Baltikum (500). In den Pyrenäen und in N-Italien (Trentino) steht der B. vor dem Aussterben. In Österreich und NO-Italien ist durch Zuwanderung aus Slowenien und durch Aussetzungen eine kleine Population neu entstanden.

Lebensweise Dämmerungs- und nachtaktiver Einzelgänger; lebt in großräumigen Waldgebieten und Gebirgswäldern, auch in der Tundra; Reviere 10–1600 qkm groß; Allesfresser, aber überwiegend vegetarische Nahrung; hält unregelmäßig Winterruhe. In den nordischen Ländern mit regelmäßiger Schneelage verschlafen B. den Winter von Nov–Mai unter umgestürzten Wurzeltellern, ausgehöhlten Ameisenhaufen oder auch in Felshöhlen. Während der Winterruhe findet keine Nahrungsaufnahme statt, auch Kot- und Harnausscheidung unterbleibt. In südlichen Breiten (z. B. im Balkan) sind B. oft den ganzen Winter über aktiv. Die Jungen kommen nach einer Tragzeit von 6–7, gelegentlich 9 Monaten nur rattengroß, nackt und blind im Winterlager zur Welt. Auch den nächsten Winter verbringen sie noch mit der Mutter im Lager, erst ab einem Alter von 2,5 Jahren gehen sie eigene Wege, mit 4–5 Jahren werden sie geschlechtsreif. Lediglich jedes 2. bis 3. Jahr

Kodiakbär

Braunbär

bringt die Bärin einen Wurf von jeweils 2–3, selten auch 4 oder 5 Jungen zur Welt.

B. ernähren sich im Sommer und Herbst größtenteils von Beeren, Eicheln, Bucheckern, Kastanien und Wildobst. Auch Getreidefelder (Hafer, Mais) werden aufgesucht. Eine bedeutende Rolle in der Ernährung spielen überdies Ameisen. Im Frühjahr vertilgt der B. auch Fallwild vom Winter oder jagt geschwächte Huftiere. Ansonsten tritt er nur selten als Jäger in Erscheinung. Allenfalls schlägt er frei weidende Schafe.

Wissenswert! Eine B.-Population produziert nur wenig Nachwuchs, die weiblichen Jungtiere bleiben zudem gewöhnlich in der Nähe ihres Heimatreviers. Deshalb sind weit umherstreifende B. fast immer junge ♂, und die Wiederbesiedlung leerer Gebiete erfolgt sehr langsam. Trotzdem sind die Chancen gut, dass die Alpen von Slowenien her allmählich wieder von B. besetzt werden. Aussetzungen, wie seit 1999 im Trentino mehrfach erfolgt, können die Rückkehr unterstützen.

Der B. meidet den Menschen, ist aber sehr lernfähig. Attraktive Nahrungsquellen (Müll, Wildfutter, Honig, sogar Bioölkanister) sucht er gerne auf, dabei kann es zu Begegnungen und Unfällen mit B. kommen. Der europäische B. ist jedoch im Gegensatz zum amerikanischen B. (Grizzly) kaum aggressiv. §§

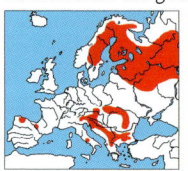

Trittspur

Kratzspuren markieren Revier.

Braunbär   unteres Bild: Bärin mit Jungen

Eisbär
Ursus maritimus · Familie Bären

Größtes lebendes Landraubtier, größer als der Braunbär; Rücken hinten höher als vorn, Schwanz kaum sichtbar; kleine Ohren und Augen; Fell weiß, manchmal leicht gelblich.

Schneehöhle   Windschutzhügel

Blaue Zunge; Zehen bis zur halben Länge mit einer Spannhaut (Schwimmhaut) verbunden, ♀ deutlich kleiner und leichter als ♂. KRL 160–250 cm, SL 8–10 cm, G 250–500 kg (ausnahmsweise bis zu 1000 kg!).
Verbreitung Arktische Regionen von EU, Asien und N-Amerika mit Inseln, Küsten- und Treibeisgebieten.
Lebensweise E. bewohnen die Treib- und Packeismassen des Nordpolarmeers, teilweise auch die Uferstreifen der Meeresküsten und Inseln. Gewöhnlich bildet der Rand des Treibeises die Verbreitungsgrenze. Der Rückzug auf Inseln des europ. Verbreitungsgebiets findet v. a. in der zum Teil über 4 Monate dauernden Polarnacht statt. Die einzelgängerischen, tag- und nachtaktiven E. führen weite Wanderungen durch oder werden auf dem Treibeis im Nordpolarmeer über große Strecken transportiert. Ihr dichtes Fell und die darunter befindliche Fettschicht wirken als hervorragender Kälteschutz. E. sind gute Schwimmer und können bis zu 2 Minuten lang tauchen. Auf glattem Eis laufen sie dank ihrer dicht behaarten Fußsohlen und starken Krallen sehr sicher. Längere Wanderungen machen E. in ruhigem Passgang, dabei pendeln Kopf und Hals langsam hin und her. Im Schritttempo legen sie 4–5 km/h, im Trab 8–12 km/h und im Galopp bis zu 15 km/h zurück, wobei sie aber das Galopptempo nur kurz halten können.
Robben bilden 90 % der Nahrung, vor allem Ringel- und Bartrobben, deren Vorkommensgebiete sich mit dem Areal des E. decken. In Ausnahmefällen können sie sogar ausgewachsene Walrosse reißen. Seltener werden Ren und Moschusochse gejagt. Auf Inseln und unterhalb von Vogelfelsen fressen

die arktischen Jäger Seevogeleier bzw. abgestürzte Jungvögel. Manchmal schwimmen sie auch Schwärme von Eisenten u. a. Seevögeln an, um sich aus dem schwimmenden Trupp ein Tier zu schnappen. Auch Lemminge, im Sommer Gras, Beeren und andere Früchte sowie Seetang werden verzehrt.
E. orientieren sich überwiegend mit ihrem Geruchssinn und dem Gehör. Die Tiere haben keine ständigen Lager. Bei Wanderungen auf Pack- und Treibeis ruhen sie auf dem Eis oder unter Eisschollen. In Zeiten der Nahrungsarmut ziehen sich erwachsene E. im S in selbstgegrabene Schneehöhlen oder vorgefundene Eis- und Felshöhlen zurück, um dort bei eingeschränktem Stoffwechsel zu ruhen oder einen echten Winterschlaf zu halten.
Nach 7–8 Monaten Tragzeit wirft das ♀ in seiner Schneehöhle (meist im Dez) 1–3 Junge, die als Nesthocker blind, mit geschlossenen Ohröffnungen und schütterem, weißem Fell geboren werden. Nach ca. 4 Wochen öffnen die Jungen die Augen, bis zum Alter von 2 Monaten werden sie nur mit Muttermilch genährt. Nach Verlassen des Lagers fressen sie an der Beute der Mutter mit. Erst nach 3 Jahren löst sich die Mutterfamilie auf. Mit 4–6 Jahren sind E. geschlechtsreif. Sie können bis zu 30 Jahre alt werden.
Wissenswert! Dank internationaler Schutzabkommen hatten sich die Bestände des E. in den letzten Jahrzehnten sehr gut erholt. Neuerdings sind sie jedoch durch den Klimawandel stark gefährdet.

Trittspur

Hinterrücken höher

Eisbär   unteres Bild: bei einer Auseinandersetzung

Hermelin, Wiesel

Mustela erminea · Familie Marder

Rattengroß; sehr schlanker, langer Körper; Oberseite im Sommer hell- bis zimtbraun, geradlinig scharf gegen die gelblich weiße Unterseite abgesetzt; Schwanz immer mit schwarzer Spitze.

Im Winter Fell mit Ausnahme der Schwanzspitze völlig weiß; Haarwechsel (Umfärbung) zum Winterfell schnell, im Frühjahr länger dauernd, dann oft braun-weiß gescheckte Tiere zu sehen (Zeichnung). KRL 18–32,5 cm (♂), 17–27 cm (♀), SL 5–12 cm, G bis 350 g (♂) bzw. bis 200 g (♀).
Verbreitung Ganz EU mit Ausnahme von Island und dem Mittelmeerraum; ferner in Asien und N-Amerika.

Lebensweise H. leben in Tundren-, Steppen- und Waldgebieten, in Parklandschaften, Siedlungen, Gärten und Parks, im Gebirge bis in ca. 3000 m Höhe. Die vorwiegend nachtaktiven Tiere leben als Einzelgänger oder im Familienverband. Sie erbeuten vor allem Kleinsäuger bis Kaninchengröße, daneben auch Lurche, Kriechtiere, Fische, Vögel und deren Eier bzw. Brut.

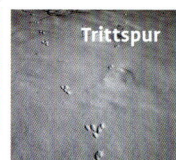

Trittspur

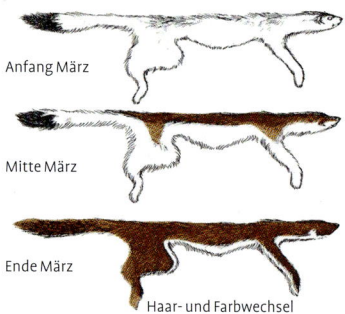

Anfang März

Mitte März

Ende März

Haar- und Farbwechsel

Mauswiesel

Mustela nivalis · Familie Marder

Kleinstes Raubtier der Welt, mausgroß; Fell oberseits rotbraun, unterseits weiß bis gelblich weiß; Schwanz im Gegensatz zum Hermelin ohne schwarze Spitze.

Nur in nördlichen Verbreitungsgebieten und im Hochgebirge tragen M. zeitweise ein weißes oder weiß geflecktes Fell sowie ein geflecktes Übergangskleid. KRL 13–26 cm (♂), 11–22,5 cm (♀), SL 5–7 cm, G 75–200 g (♂), 45–110 g (♀).
Verbreitung Ganz EU außer Island u. Irland.
Lebensweise Die Verbreitungsgebiete von M. und Hermelin zeigen eine große Überlappung, doch während das Hermelin problemlos größere Nager erbeutet, ist das

M. ein ausgesprochener Jäger kleiner Wühlmausarten. Die weitgehend dämmerungs- und nachtaktiven M. bewohnen deckungs-

reiche Habitate und benutzen als Verstecke Maulwurfsgänge und Wühlmausnester. Im Winter halten sie sich auch in Gärten und Siedlungen auf; um dort in Holzstapeln und Schuppen Unterschlupf zu suchen. Nasses Gelände und Wälder werden gemieden. Bei der stöbernden Jagd lassen sich M. vor allem vom Geruchssinn leiten und folgen den Nagern problemlos in ihre Gänge. Hauptpaarungszeit ist Feb und Mär. Die ♀ werfen 1- bis 2-mal im Jahr nach 5 Wochen Tragzeit 3–12 Junge (Nesthocker). **RL**

Mauswiesel

Hermelin

Hermelin, Wiesel   links im Sommer-, rechts im Winterfell; Schwanzspitze immer schwarz!

Mauswiesel   viel kleiner als das Hermelin, Schwanz immer ohne schwarze Spitze

Europäischer Nerz
Mustela lutreola · Familie Marder

Typische Mardergestalt, etwa iltisgroß; dunkel zimtbraun, Ober- und Unterlippe sowie Kinn weiß, weißer Kehl-Brustfleck.

Zehen z. T. mit kurzen Schwimmhäuten. KRL 28–43 cm (♂), 32–40 cm (♀); SL 12,4–19 cm (♂), 13–18 cm (♀); G 500–1000 g. **Verbreitung** In fast ganz EU ausgerottet; Restbestände in Frankreich, Spanien, Finnland, im europ. Russland u. im Donaudelta. **Lebensweise** Die reviertreuen Einzelgänger leben an Gewässern mit Baumbeständen und dichtem Unterwuchs, in Sümpfen und Bruchwäldern sowie im Schilfgürtel von Seen und Fließgewässern. E. N. können gut

schwimmen und tauchen. Sie sind vor allem nachts oder in den Morgenstunden in den Uferzonen fisch- und krebsreicher Gewäs-ser unterwegs. Die meisten ihrer Baue und Unterschlupfe finden sich entlang des Ufers (Baumwurzelhöhlen, Schilf- und Reisighaufen oder selbstgegrabene Baue mit dem Eingang oft unter der Wasserlinie). Das Nahrungsspektrum umfasst u. a. Mäuse, Fische, Krebse, Frösche, Weichtiere und Vögel. Paarungszeit ist zwischen Feb und Apr. Nach ca. 6 Wochen Tragzeit wirft das ♀ 3–7 blinde Junge, die 4 Wochen gesäugt werden und meist bis zum Herbst beim ♀ bleiben. **Wissenswert!** Rückgangsgründe sind neben der starken Verfolgung als Pelztier vor allem die Vernichtung der Uferwälder, Nahrungsverknappung und steigender Konkurrenzdruck durch Iltis und Mink. §§

Europ. Nerz   Mink

Mink
Mustela vison · Familie Marder

Etwa iltisgroß; Färbung von Rücken- und Bauchseite gleichmäßig schokoladen- bis zimtbraun, im Unterschied zum Europäischen Nerz Oberlippe ohne weißen Fleck.

Zehen mit kurzen Schwimmhäuten. KRL 34–45 cm (♂), 31–38 cm (♀), SL 12–25 cm, G 600–1500 g (♂), 400–850 g (♀). **Verbreitung** N-Amerika; in EU in den 1920er-Jahren als Farmtier eingeführt und z. T. entkommen, z. T. bewusst ausgesetzt. **Lebensweise** Der M. besetzt im Wesentlichen die gleiche ökologische Nische wie der Europ. Nerz: Waldseen mit dichten Vegetationsgürteln, unterholzreiche Ufer von

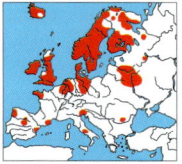

Bächen und Flüssen, Marschlandschaften und Auwälder. Die überwiegend nachtaktiven Tiere jagen dort Kleinsäuger und bodenbrütende Vö-gel. M. halten sich gern in und an fischreichen Gewässern auf, die im Winter eisfrei bleiben oder durch ihre Uferbeschaffenheit Hohlräume für Luftzufuhr und Zugang zu Schlupfwinkeln gewähren. Die Nähe von Bisamratten (⇨ S. 86) wird bevorzugt.

In N-Amerika ist die Bisamratte unter den Säugern das Hauptbeutetier des M. Wo diese in EU fehlt, wurden größere Schäden an Wild- und Hausgeflügel sowie an Fischzuchten durch den M. bekannt. In M.-EU, wo der M. zunehmend Fuß fasst, stellt er nach ersten Hinweisen ebenfalls der Bisamratte nach. Hauptpaarungszeit ist März, Wurfzeit ist Apr–Mai. **Wissenswert!** Die einzelgängerischen M. haben Wohngebiete von 1–5 km Uferlänge, in denen sie Artgenossen gleichen Geschlechts nicht dulden. Durchzügler, die keine Reviere verteidigen und entlang der Wasserwege wandern, treten vor allem während der Paarungszeit auf.

Ober- und
Unterlippe
weiß

Europäischer Nerz

Oberlippe
nicht weiß

Mink

Waldiltis, Iltis
Mustela putorius · Familie Marder

Typische, marderartige Gestalt; Fellfärbung dunkelbraun bis schwarz mit heller, gelblich beiger, durchschimmernder Unterwolle.
Runde, weiß gerandete Ohren; weißliche Gesichtsmaske. KRL 35–46 cm (♂), 30–

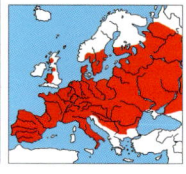 

40 cm (♀), SL 12–17 cm (♂), 8–15 cm (♀), G 1–1,5 kg (♂), 600–800 g (♀).
Verbreitung EU außer im N, Asien, N-Afrika.
Lebensweise Vorwiegend nachtaktiver Einzelgänger, oft in Gewässer- und Siedlungsnähe; ernährt sich von Kleinsäugern, v. a. Wühl- und Waldmäusen, Ratten, auch Amphibien, Vögeln, Eiern, Reptilien, Schnecken, Regenwürmern und Insekten.
Wissenswert! Frettchen *Mustela putorius* f. *furo* sind eine helle bis weiße, domestizierte Form des W. und werden zu Kaninchenfang und Rattenbekämpfung eingesetzt. **RL**

Steppeniltis
Mustela eversmanii · Familie Marder

Sehr ähnlich dem Waldiltis, jedoch bis auf dunkle Beine, Füße und Bauchpartie deutlich heller gefärbt.
KRL 32–56 cm (♂), 29–52 cm (♀), SL 7–18 cm, G bis 2 kg (♂), bis 1,4 kg (♀).
Verbreitung SO-EU, im O bis Zentralasien;

isoliertes Vorkommen in Böhmen, Mähren, S-Slowakei, Ukraine, Niederösterreich, Burgenland, Ungarn.
Lebensweise Besiedelt in EU offene Graslandschaften (bevorzugt Steppen) in der Nähe von Ziesel- und Perlzieselbauen, lebt nomadisch und wechselt Aktionsräume mit dem Nahrungsangebot; bewohnt Baue von Hamstern, Zieseln, Wildkaninchen, Füchsen und Dachsen; ernährt sich von Nagetieren, Reptilien, Lurchen, Vögeln, Fischen, Gliedertieren und Pflanzen. Am Bauausgang setzen S. Kot ab.

Tigeriltis
Vormela peregusna · Familie Marder

Typische Mardergestalt; oberseits dunkel- bis gelbbraun mit gelblicher Scheckung, schwarz-weiße Gesichtsmaske.
In der Gestalt ähnlich dem Wald- und Steppeniltis, aber etwas kleiner; besonders buschiger Schwanz mit schwarzer Spitze; Ohren größer als bei den *Mustela*-Arten.

KRL 27–35 cm, SL 12–20 cm, G 370–729 g.
Verbreitung SO-EU, Vorder-, Mittel- und Teile Zentralasien.
Lebensweise Bewohnt offene, trockene Flächen in der Ebene (trockene Steppen, Halbwüsten und Wüsten), manchmal auch offene, grasbewachsene Landschaften der Vorgebirge, selten auch in unbewaldeten Gebirgen bis in 2000–3000 m Höhe.
Wissenswert! Limitierender Faktor für Verbreitung wie Individuenzahl des T. scheint das Vorkommen von Zieseln und Hamstern zu sein, die ihm als Nahrung dienen.

Unterwolle
durchschimmernd

Waldiltis, Iltis

Beine dunkel

Steppeniltis

schwarz-weiße
Gesichtsmaske

Tigeriltis

Steinmarder
Martes foina · Familie Marder

Etwa katzengroß; schlanker, gestreckter Körper, kurze Beine; meist gegabelter, weißer Kehlfleck; fleischfarbener Nasenspiegel.

Fell lichter und gröber als beim Baummarder. KRL 40–50 cm, SL 21–27 cm, G 1,7–2,3 kg (♂), 1,1–1,5 kg (♀).
Verbreitung Ganz EU außer Island, Großbritannien, Skandinavien u. einigen Mittelmeerinseln; Asien bis China und Mongolei.
Lebensweise S. sind überaus anpassungsfähig und ausgesprochene Kulturfolger. In EU werden fast alle Landschaftstypen, Siedlungen und Städte besiedelt. Die Nahrung der überwiegend nachtaktiven S. ist

sehr vielseitig: Nagetiere, Vögel, Eier, Insekten und Regenwürmer, im Sommer bis zu 80 % Früchte. Paarungen erfolgen im Jul/Aug, die Tragzeit dauert 2–3 Monate. Die 2–5 blind und hell behaart geborenen Jungen verlassen erst nach 8 Wochen Säugezeit das Nest. Sie bleiben bis zum Herbst bei der Mutter.
Wissenswert! S. klettern gut und bewohnen gern Dachböden, auf denen sie sehr geräuschvoll sein können und z. T. Schäden an Isoliermaterial (für Nestbau) anrichten. Als „Automarder" wurden sie bekannt, weil S. auf ihren nächtlichen Streifzügen häufig in Motorräume geparkter Fahrzeuge eindringen, dort dann nicht selten den Duft von Rivalen riechen und gegen das „Phantom" mit Zerbeißen von Plastik- und Gummischläuchen reagieren.

Ballen unbehaart

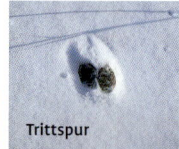

Trittspur

Baummarder
Martes martes · Familie Marder

Typische, katzengroße Mardergestalt; kastanienbraunes Fell, dottergelber bis rötlich gelber Kehlfleck; Nasenspiegel schwarz bis schwarzgrau.

Höher und schlanker gebaut als der Steinmarder; ♂ größer als ♀. KRL 40–53 cm, SL 22–28 cm, G 1,2–2,4 kg (♂), 0,8–1,4 kg (♀).
Verbreitung Ganz EU, fehlt nur auf Island, im nördlichsten Skandinavien sowie in großen Teilen der Iberischen Halbinsel und Griechenlands.

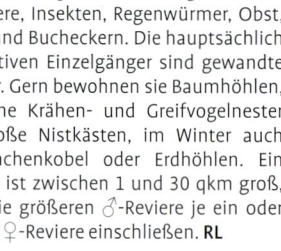

Lebensweise B. bewohnen die verschiedensten Wälder. Sie bevorzugen höhlenreiche Altholzbestände mit gutem Kleinsäugervorkommen. Zu ihrer Nahrung gehören Nagetiere bis Eichhörnchengröße, Vögel bis Hühnergröße, Eier, Kriechtiere, Insekten, Regenwürmer, Obst, Beeren und Bucheckern. Die hauptsächlich nachtaktiven Einzelgänger sind gewandte Kletterer. Gern bewohnen sie Baumhöhlen, verlassene Krähen- und Greifvogelnester oder große Nistkästen, im Winter auch Eichhörnchenkobel oder Erdhöhlen. Ein B.-Revier ist zwischen 1 und 30 qkm groß, wobei die größeren ♂-Reviere je ein oder mehrere ♀-Reviere einschließen. **RL**

Ballen behaart

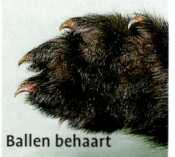

l. h.+ l. v.   l. h.+ l. v.

Spur

r. h.+ r. v.   r. h.+ r. v.

Nasenspiegel
fleischfarben

Steinmarder

Nasen-
spiegel
dunkel

Baummarder

Vielfraß

Gulo gulo · Familie Marder

Größter Marderartiger in EU, etwas größer und hochbeiniger als ein Dachs; langes, dichtes Fell, meist dunkelbraun, aber variierend, an Stirn und Seiten oft gelbbraun; buschiger Schwanz.

Vielfraß und Baummarder im Größenvergleich

Dicke Pfoten, Krallen teilweise rückziehbar. KRL 70–105 cm, SL 18–23 cm, G 10–25 kg.

Verbreitung N-Skandinavien, ostwärts bis N-Sibirien, ferner N-Amerika.

Lebensweise Der V. ist ein Bewohner der nördlichen Taiga, der Nadelwaldregion und Tundra. Der Einzelgänger besetzt sehr große Reviere von 70–200 qkm. Er ernährt sich von Kleinsäugern, Vögeln, Eiern, Insekten, Aas, Beeren, im Winter überwiegend von Rentieren, und nutzt gern Beutereste von Luchs und Wolf.

Die meist 2–3, manchmal auch 4 Jungen kommen nach einer verlängerten Tragzeit von 7–9 Monaten im Spätwinter in einer Höhle zur Welt. In Hochgebirgslagen gräbt das Weibchen dazu einen tiefen Tunnel durch eine Schneewächte bis zu den Felsblöcken darunter. Im Nadelwald der Taiga nutzt es auch hohle, liegende Bäume als Wurfhöhle. Die Jungen sind sehr klein und empfindlich, manche werden auch das Opfer anderer V. Sie werden etwa 3 Monate lang gesäugt. Erst im Alter von 13 Monaten trennen sie sich von der Mutter und suchen sich ein eigenes Revier. Dabei legen sie Strecken von 50–100 km zurück. Im 2. oder 3. Lebensjahr erreichen sie die Geschlechtsreife.

Lange Zeit galt der V. als Aasfresser, doch die Rentiere haltenden Samen und die Schafzüchter in Skandinavien wussten es besser: Dort fallen dem V. alljährlich mehrere tausend Haustiere zum Opfer. Die im Wald ohne Aufsicht frei weidenden Schafe sind eine leichte Beute im Sommer, die zahmen Rentiere werden bei tiefem Schnee

vom V. überwältigt. Eigentlich ist der große Marder kein guter Jäger, er hat aber eine enorme Ausdauer und kann sich dank seiner breiten Pfoten hervorragend in lockerem, tiefem Schnee bewegen.

Wenn sich die Gelegenheit bietet, tötet der V. mehrere Tiere auf einmal. Gern deponiert er die Kadaver dann in Wasserlöchern, wo sie frisch bleiben und vor anderen Aasfressern (Fuchs, Adler, Kolkraben) sicher sind. Diese Nahrungsdepots sucht er später wieder auf, doch sind sie vor allem überlebenswichtig für die Jungen, die nach der Trennung von der Mutter zunächst noch unerfahren sind und es schwer haben, selbstständig Beute zu machen.

Wissenswert! Wegen der Massaker unter Rentieren und Schafen wurden und werden V. in Skandinavien illegal stark verfolgt. Früher wurden sie aus der Wurfhöhle ausgegraben oder sie wurden im Schnee aufgespürt und auf Skiern verfolgt, manchmal über viele Tage. Heute sind sie mit Motorschlitten rasch eingeholt, was nach Meinung von Fachleuten die größte Gefahr für das Überleben des V. derzeit ist. Aufgrund seiner geringen Nachwuchsrate und seiner von Natur aus niedrigen Populationsdichte ist der V. nicht in der Lage, größere Verluste rasch auszugleichen. Im Jahr 2000 wurden die Bestände auf 220 Tiere in Norwegen und auf 365 in Schweden geschätzt.

Früher wurde dem V. auch wegen seines überaus strapazierfähigen, dichten und langhaarigen Pelzes nachgestellt. Gefürchtet ist sein übel riechendes Analdrüsensekret, das er verspritzt, wenn er angegriffen wird (etwa von Wölfen oder Hunden). Sein Name kommt übrigens aus dem Norwegischen: Fjell heißt Gebirge, frese fauchen.

sehr dichtes Fell,
mit hellen Seiten

helle Stirn

Vielfraß

Dachs

Meles meles · Familie Marder

Plumper Körper; Kopf schwarz-weiß längsgestreift; Vorderpfoten mit langen, starken Krallen, Sohlengänger.

KRL 60–90 cm, SL 15–20 cm, G 7–13 kg (Sommer), 15–25 kg (Herbst/Winter).

Verbreitung EU (außer Island, N-Skandinavien, Sardinien, Sizilien und Korsika), nach O bis Mittelasien.

Lebensweise Der D., ein dämmerungs- und nachtaktiver Bewohner von Laub- und Mischwäldern, Parklandschaften und Flussauen, kommt im Gebirge bis in 2000 m Höhe vor, in Siedlungen ist er anzutreffen. Er lebt paarweise oder im Familienverband und gräbt umfangreiche Baue mit verzweigten Gangsystemen und einem oder mehreren Kesseln. Für ein Leben unter Tage ist er bestens ausgestattet: Von seinem robusten Haarkleid rieselt Erdreich seitlich ab, und mit den starken Krallen der Vorderpfoten kann er auch in schwere Böden graben. D. arbeiten das ganze Jahr emsig an der Verbesserung ihres Erdbaus – räumen für die Winterruhe dürres Gras hinein und im Frühjahr wieder hinaus, korrigieren die Gänge und schaffen Erdreich hinaus, das heruntergebröckelt ist. In ihrem Revier legen D. regelrechte Latrinen an, Erdlöcher, in denen sie ihren Kot absetzen. Damit markieren sie den Besitz ihres Reviers gegenüber Artgenossen. Sie dulden jedoch durchaus z. B. eine Fuchsfamilie als „Untermieter" – allerdings mit getrenntem Kessel – in ihrem Bau.

Im Herbst fressen sich D. einen mächtigen Fettvorrat für die Winterruhe an. Sie können dann das doppelte Gewicht im Vergleich

zum Frühjahr erreichen. Bei ihrer Nahrungswahl sind sie recht flexibel: Kleinsäuger und -vögel, Eier, Amphibien, Reptilien, Insekten,

Bau (Ausschnitt)

Vorderfuß

Schnecken, Regenwürmer (örtlich bis zu 80 %), Obst, Nüsse, Beeren und Feldfrüchte – alles ist ihnen recht.

Das Fortpflanzungsgeschehen ist noch nicht genau geklärt. Offenbar paaren sich die ♀ direkt nach der Geburt der Jungen (Feb), die erst einjährigen ♀ dagegen im Sommer. Die Keimzelle ruht bis Dez im Uterus und entwickelt sich erst dann zum Embryo. Während der Paarung schreien D. wie Säuglinge. Pro Wurf bringt das ♀ 1–6, meist aber 2 Junge zur Welt, die etwa 3 Monate gesäugt werden.

Wissenswert! Der D. hat im Zuge der Tollwutbekämpfung mit Giftgas vorübergehend stark gelitten, doch haben sich seine Bestände inzwischen gut erholt. Heute ist der D. so gut wie überall in D in guten Zahlen vertreten. In Skandinavien breitet er sich neuerdings rasch in Richtung N aus. Als „Generalisten" kommen Dachse von Halbwüsten über Stadtrandgebiete bis an den Polarkreis vor.

Baueingang

l. h.   l. v.   l. h.   l. v.   vertraut trabend

r. v.   r. h.   r. v.

Dachs   unverkennbar: der schwarz-weiß gestreifte Kopf

Fischotter

Lutra lutra · Familie Marder

Rotfuchsgroß, durch kurze Beine und langen, starken, spitz zulaufenden Schwanz gedrungen und schlank zugleich wirkend; zwischen den Zehen Schwimmhäute.

Dichtes Fell mit feiner Unterwolle, oberseits dunkelbraun, Brust und Unterleib blass, Unterkiefer oft weißlich, manchmal bis zum Hals reichend; ♂ meist größer und schwerer als ♀. KRL 60–95 cm, SL 25–55 cm, G 5,5–10 kg.

Verbreitung EU außer Island und den Mittelmeerinseln; ferner N-Afrika, Kleinasien, im O mit Ausnahme der Steppen und Wüsten bis Japan; in vielen Gebieten bereits ausgerottet oder stark bedroht.

Lebensweise F. bewohnen die verschiedensten Gewässer: Flüsse, Bäche, Kanäle, Seen, Sümpfe, Flussmündungen und Meeresufer (v. a. an felsigen Küsten). Entscheidend für die Wahl des Lebensraums ist eine reichhaltige Fischfauna, an Binnengewässern ist zudem der kleinräumige Wechsel verschiedener Ufer- und Gewässerstrukturen wichtig wie Mäander, Flach- und Tiefwasserzonen. Die Struktur des Lebensraums beeinflusst nicht nur den Beutefang, sondern auch z. B. das Fortpflanzungs- u. Aufzuchtverhalten sowie Wanderungen.

Als Such- und Verfolgungsjäger nutzen F. fast alle am, auf und im Wasser lebenden Tiere, ggf. auch Aas: Fische, Frösche, Kleinsäuger bis Bisamrattengröße, Muscheln, Schnecken, Wasservögel, Krebse und Wasserinsekten. F. sind vorwiegend nachtaktiv, jedoch im Winter, in Gebieten mit geringen menschlichen Störungen sowie entlang von Küsten mit Gezeitenrhythmus auch tagsüber unterwegs. Die territorialen F. leben einzeln, paarweise oder im Familienverband. Mit ihrem Kot markieren sie die Grenzen ihres Territoriums, dessen Größe v. a. vom Nahrungsangebot abhängt. Die Reviere können bis zu 20 km Uferlänge oder auch nur 2–5 km umfassen. Auf der Suche nach neuen Revieren werden auch Wanderungen über Land gemacht. In Otterrevieren finden sich oft gut getarnte Ausstiege („Ottersteige", kl. Foto unten) sowie Kot-, Abfall- und Markierungsstellen. Ihre Baue legen F. in Uferböschungen in vorgefundenen oder selbstgegrabenen Erdhöhlen an, deren Eingänge meist unter Wasser liegen oder Rutschbahnen zum Wasser haben. Die spielfreudigen Tiere schwimmen sehr gut und können bis zu 8 Minuten tauchen. F. haben keine feste Fortpflanzungszeit. Nach 62 Tagen Tragzeit wirft das ♀ meist 2–3, manchmal auch nur 1 oder bis zu 5 Junge im weich ausgepolsterten Wohnkessel. Die Jungen werden blind geboren, nach 35 Tagen öffnen sie ihre Augen. Mit 6 Wochen schwimmen die Jungotter erstmals, insgesamt bleiben sie rund 1 Jahr bei der Mutter.

Wissenswert! F. wurden früher wegen ihres Fells und als Fischjäger stark verfolgt. Heute spielen Lebensraumverluste, Verluste im Straßenverkehr, in Reusen, durch frei laufende Hunde und illegale Tötungen eine entscheidende Rolle für ihre Dezimierung. **RL, §§**

Trittspur

l. h.+ l. v.   l. h.+ l. v.
r. h.+ r. v.   r. h.+ r. v.

trabend

Schwanz spitz zulaufend

Fischotter unteres Bild: ein Weibchen mit Jungen

Ginsterkatze
Genetta genetta · Familie Schleichkatzen

Etwa katzengroß, aber langgestreckter; kurze Beine; auffällige Fellzeichnung mit Längsreihen schwarzer Flecken auf hellgrauem Grund; buschiger Schwanz mit etwa 10 schwarzen Ringen.

Krallen kurz, nur teilweise einziehbar. KRL 40–55 cm, SL 40–50 cm, G 1,2–2,3 kg.

Verbreitung In EU vermutlich erstmals von den Sarazenen als Mäusevertilger aus den heutigen Maghreb-Staaten mitgebracht; auf Iberische Halbinsel, Balearen und S-Frankreich beschränkt; N- Afrika bis Palästina.

Lebensweise G. besiedeln in EU Ebenen, Hügelland und Steilhänge mit sicheren Unterschlupfen und wenig menschlichen Störungen. Die äu-

ßerst beweglichen, gewandt jagenden, kletternden und springenden G. sind standorttreue Einzelgänger oder le-

ben im Familienverband. Das Territorium wird markiert durch feste Kotplätze, Harn und Analdrüsensekret, das die Tiere im Handstand an senkrechte Objekte reiben. Tagsüber ruhen G. in Verstecken, in der Dämmerung und nachts gehen sie auf Jagd nach Kleintieren bis Hasen- und Hühnergröße, darunter Eidechsen, Schlangen, Fische, Insekten und Spinnen, oder verzehren Eier, Früchte und Aas. Die 1–4 blinden, behaarten Jungen werden nach 10–12 Wochen Tragzeit geboren. Sie entwickeln eine große Spielfreude und bleiben 1 Jahr bei der Mutter. Zum Lautrepertoire der G. gehören u. a. auch Schnurren und Miauen.

Wildkatze

Ginsterkatze

Manguste, Ichneumon
Herpestes ichneumon · Familie Schleichkatzen

Mardergroß; stämmiger Körper; Schwanz lang, an der Wurzel dick, in eine dünne Spitze mit auffälligem dunklem Fleck auslaufend.

Fell dunkel, mit „Pfeffer-und-Salz-Effekt" durch helle Haarbinden. KRL 45–65 cm, SL 35–55 cm, G bis 8 kg.

Verbreitung N-Afrika; in EU ausschließlich im S der Iberischen Halbinsel.

Lebensweise M. leben weitgehend im Familienverband. Das breite Nahrungsspektrum der vorwiegend tagaktiven Tiere reicht von kleinen Wirbeltieren, Insekten und Krebstieren bis zu Früchten und Pilzen.

Wissenswert! Im alten Ägypten und bis in

die römische Spätzeit wurden M. als Ratten- und Mäusevertilger in menschlichen Siedlungen gehalten.

Ähnlich **Goldstaubmanguste, Mungo**
Herpestes auropunctatus, kleiner als die Manguste, Fellfarbe olivbraun mit goldbrauner Pünktelung; Asien, in EU in Dalmatien eingebürgert (1910).

◁ **Indischer Mungo**
H. edwardsi, ehemals bei Rom ausgesetzt

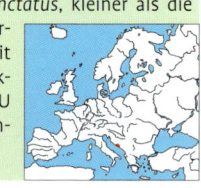

Steinmarder zum Größenvergleich

Manguste

Ginsterkatze unverkennbar: die in Längsreihen angeordneten schwarzen Flecken

Manguste, Ichneumon Fell eigentlich dunkel, durch helle Haarbinden „meliert" erscheinend

Wildkatze
Felis silvestris · Familie Katzen

Nur mit verwilderten Hauskatzen verwechselbar; in M.-EU mit dick buschigem, stumpf endendem Schwanz und schmalem, schwärzlichem Aalstrich auf dem Rücken; auf den Mittelmeerinseln sehr ähnlich den Hauskatzen.

Fell langhaarig, weich und dicht, oberseits gelbgrau mit dunkler Tigerung, bauchseits gelblich weiß, an den Flanken meist undeutliche Querstreifen; Schwanz mit mehreren schwarzen Ringen; fleischfarbene Nase; gelbgrüne Augen; sicheres Unterscheidungsmerkmal zu Hauskatzen: nur Schädelmaße und Darmlänge. KRL 45–80 cm, SL 30–40 cm, G 3,5–15 kg (♂), 3–10 kg (♀).

Verbreitung EU außer Island, Irland, Skandinavien, N-Polen und Baltikum; Afrika, Vorderasien.

Lebensweise W. bevorzugen als Lebensraum urwüchsige, mit steinigen Halden oder Felsklüften durchsetzte Laub-, v. a. Eichenwälder, Buchen- und Mischwälder sowie weniger lichte Nadelwälder. Die vorwiegend nachtaktiven Tiere leben außerhalb der Paarungszeit weitgehend einzelgängerisch. Die ♂ (Kuder) nutzen Aktionsräume von 150 bis über 1000 ha, Kätzinnen bewohnen kleinere Reviere, die mit denen der ♂ überlappen können. Das Territorium wird mit Urin und Fußdrüsensekreten markiert. Zur Paarungszeit in Jan/Feb werden größere Wanderungen unternommen. Die Kuder sind dabei deutlich aktiver als die ♀ und werden in dieser Zeit häufiger zu Verkehrsopfern oder (unberechtigterweise) erlegt.

Nach rund 66 Tagen Tragzeit wirft die Kätzin in Apr/Mai an einem oberirdischen geschützten Ort 2–5 Junge, die blind und fein behaart geboren werden. Nach 10–12 Tagen öffnen sich ihre Augen. Die Säugezeit kann bis zu 2 Monate dauern, wobei die Jungen ab der 4. oder 5. Lebenswoche von der Mutter mit auf die Jagd geführt werden. Mit 4–5 Monaten sind die Jungen selbstständig und verlassen dann meist die Mutter. Mit etwa 1 Jahr werden sie geschlechtsreif.

Als Laute lassen W. hören: Miauen (Kontaktaufnahme mit Artgenossen), Knurren und Fauchen (Ärger und Aggressivität), Schnurren (Wohlbefinden), menschenähnliches Schreien (Schmerz), Kreischen und Grollen (Auseinandersetzungen). Zur Paarungszeit geben Kuder einen kreischend-heulenden Imponiergesang von sich. In dieser Zeit kämpfen rivalisierende Kuder auch miteinander.

W. ernähren sich von Kleinsäugern, v. a. Wühlmäusen, mancherorts großteils Wildkaninchen. Daneben werden Vögel, Reptilien, Amphibien, Wirbellose und Aas, ab und zu auch Gras und Früchte aufgenommen.

Wissenswert! Bejagung und Lebensraumverlust führten in EU zu einem Bestandsrückgang und großflächigen Arealverlust der W., mit einem Tiefststand um die Mitte des 20 Jh. Derzeit findet vielerorts eine Wiederbesiedlung ehemaliger Räume durch lokale Restpopulationen statt. **RL**, §§

Wildkatze (unten) und Hauskatze im Größenvergleich

Jungtier

Trittspur

Wildkatze   Schwanzende stumpf, immer schwarz

Luchs
Lynx lynx · Familie Katzen

Etwa schäferhundgroß, hochbeinig; stummelförmiger Schwanz, am Ende gestutzt; dreieckige Ohren mit ca. 4 cm langen, schwarzen Haarpinseln.

Oft ein deutlicher Backenbart; Fell fahlgrau bis rotgelb, mehr oder weniger stark gefleckt bis völlig ungefleckt. KRL 80–130 cm, SL 15–25 cm, SH 50–75 cm, G 12–32 kg.

Verbreitung EU, Asien; in vielen Gebieten von W- und M.-EU ausgerottet.

Lebensweise Der einzelgängerische L. lebt in Wald- und Buschgebieten. Er verhält sich territorial, d. h. er duldet keinen gleichgeschlechtlichen anderen L. in seinem Streifgebiet, das etwa 100 (♀) bis 300 (♂) qkm umfasst, im hohen N bis zum Dreifachen. L. sind daher überall selten.

Der L. ist ein Pirschjäger. Er wandert weite Strecken (10–20 km pro Nacht), schleicht sich an seine Beute heran und überrascht sie aus kurzer Entfernung mit wenigen Sprüngen. Rehe und andere große Beutetiere tötet er mit einem Biss in die Kehle durch Erdrosseln. Seine Hauptbeutetiere

sind rehgroße Huftiere (Rehe, Gämsen), im N auch Schneehasen und Raufußhühner. Nach einer Tragzeit von 67–74 Tagen

kommen pro Wurf 1–4, selten bis zu 6 Junge zur Welt. Sie werden 4–5 Monate lang gesäugt, bleiben danach bis zum Alter von 1 Jahr bei der Mutter. Danach müssen sie deren Revier verlassen.

Wissenswert! Ein Luchs schlägt etwa 1 Reh pro Woche und kehrt regelmäßig zu seiner Beute zurück. Er verzehrt das Muskelfleisch, lässt aber die Eingeweide, das Fell und die großen Knochen mit dem Kopf liegen. Eine Luchspopulation entnimmt ihrem Lebensraum pro Jahr etwa 1 Reh pro qkm. Jäger erlegen die drei- bis fünffache Zahl. Haustiere (Schafe, Ziegen) schlägt der L. nur selten, für den Menschen ist er völlig ungefährlich.

L. wurden in mehreren Ländern von EU wieder anzusiedeln versucht, allerdings nicht überall mit Erfolg. **RL, §§**

Pardelluchs
Lynx pardinus · Familie Katzen

Gestalt wie der Luchs, nur etwas kleiner; Färbung kontrastreicher als beim Luchs, Fell kräftig gefleckt; besonders langer Backenbart.

KRL 75–100 cm, SL 12–13 cm, G bis 18 kg.

Verbreitung Auf Iberische Halbinsel beschränkt, dort in mehreren zersplitterten Teilarealen.

Lebensweise P. besiedeln bevorzugt Heide, Buschland und mediterrane

Trockenwälder. Sie kommen von Meereshöhe bis in etwa 1700 m Höhe vor. Hauptnahrung der dämmerungs- und nachtaktiven Tiere sind Wildkaninchen.

Wissenswert! Durch Vernichtung ihrer Lebensräume sind P. heute überaus bedroht.

Pardelluchs

Wildkatze

Luchs   unteres Bild: Muttertier mit Jungen

Pardelluchs   typisch: ein besonders langer Backenbart

Walross
Odobenus rosmarus · Familie Walrosse

Sehr große, massige, plumpe Tiere; dicke Oberlippe mit auffälligem Bart aus steifen Borsten; hauerartig verlängerte obere Eckzähne.

Wie Hundsrobben ohne äußere Ohrmuscheln; Färbung ein gräuliches Braun mit zimtfarbenem Einschlag, bei alten ♂ blasser; Jungtiere dunkler. KRL 3–5 m (♂), ca. 3 m (♀), G 1000–2500 kg (♂), ca. 800 kg (♀).
Verbreitung Auf Treib- und Küsteneis der Polarmeere; in EU an der Küste Spitzbergens und an der russischen Eismeerküste; gelegentlich vor Norwegen und Island, sehr selten vor England.
Lebensweise W. gehören zu den geselligsten Robben. An Land

drängen sie sich in großen Massen dicht zusammen. Sie bevorzugen flache Küstengewässer der Arktis mit Packeis. Nach neuesten Erkenntnissen ernähren sich W. von den unterschiedlichsten bodenbewohnenden Wirbellosen und langsam schwimmenden Fischen, die sie in ihr Maul einsaugen, wobei sie sich beim Aufspüren der Beute auf ihren ausgezeichneten Tastsinn verlassen. Ihre Stoßzähne werden weniger wie früher angenommen als Werkzeuge eingesetzt, sondern dienen als Waffen und Statussymbol. Daneben nutzen W. die Stoßzähne, um an steilen Eiskanten aus dem Wasser auf die Scholle zu gelangen. Nach der Paarung im arktischen Winter werden nach 15–16 Monaten Tragzeit meist im Mai die Jungen geboren, wobei ein ♀ nur alle 2 Jahre ein Junges zur Welt bringt.

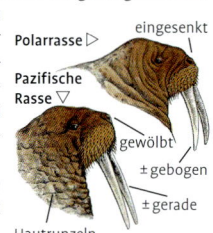

Polarrasse ▷
eingesenkt
Pazifische Rasse ▽
gewölbt
± gebogen
± gerade
Hautrunzeln

Sattelrobbe
Phoca groenlandica · Familie Hundsrobben

Ähnlich dem Seehund (⇨ S. 146); Fellfärbung sehr variabel; ♂ hellgrau mit schwarzem, sattelförmigem Fleck auf dem Rücken, ♀ bräunlich mit kurzem, grauem Sattel.

sattelförmiger Fleck

Die Jungen werden mit weißem Wollfell (Lanugo) geboren, sind mit ca. 12 Tagen nach dem 1. Fellwechsel grau, später graustwarz gefleckt. ♂ bis 1,90 m lang, G um 135 kg, ♀ bis 1,80 m lang, G bis 120 kg.
Verbreitung Im arktischen Nordmeer und im Nordatlantik von der Hudson Bay im W bis zum Kap Chelyuskin im O.
Lebensweise S. bevorzugen die Packeiszone, kommen auf ihren weiten Wanderungen zwischen den Nahrungs-, Paarungs- und Wurfplätzen aber auch in eisfreie Gebiete und können z. B. an den Britischen In-

seln und im Nord- und Ostseeraum beobachtet werden. Die vielseitige Nahrung der besonders guten Schwimmer reicht von den verschiedensten Fischarten bis zu kleineren Krebsen sowie Krabben. Den Sattelrobben gefährlich werden können Eisbär und Zahnwale. Im März paaren sich die S. im Wasser. Nach einer Tragzeit von 11,5 Monaten gebären die ♀ in größeren Gesellschaften auf den Packeisfeldern an festen Wurfplätzen ihr Junges, das bei der Geburt fast 10 kg schwer ist.
Wissenswert! Wegen ihrer wertvollen Lanugo werden alljährlich zahlreiche Robbenbabys getötet. Durch Festlegung staatlicher Quoten sind die S. heute zwar nicht mehr bestandsgefährdet, aus Tierschutzgründen ist das „Robbenschlagen" dennoch abzulehnen.

Hauer

Walross

dunkler Sattelfleck

Sattelrobbe   neugeborenes Jungtier mit weißem Fell

Ringelrobbe
Phoca hispida · Familie Hundsrobben

Sehr ähnlich dem Seehund, aber kleiner und plumper; Rücken und Flanken dunkelgrau, mit von helleren Ringen umgebenen Flecken.
Jungtiere weiß. KRL 120–185 cm, G 55–110 kg, ♀ gewöhnlich etwas kleiner.

Atem- und
Schlupflöcher

Verbreitung In allen arktischen und subarktischen Gewässern mit Pack- und Treibeis; an Land nur, wo eine Eisdecke (wegen Tarnwirkung für die weißen Jungen).
Lebensweise R. benötigen im Eis Atem- und Schlupflöcher, die sie stets frei halten. Durch ihre warme Atemluft vergrößern sie die Löcher, um im Schnee auf dem Eis oder unter Eisschollen eine schützende Höhle anzulegen. Darin gebiert das ♀ nach 9–10 Monaten Tragzeit sein Junges. Die Schneehöhlen dienen als Schutz vor Eisbären, den Hauptfeinden der R.

Seehund
Phoca vitulina · Familie Hundsrobben

Gestalt spindelförmig; kleiner Kopf, relativ auffällige Ohröffnungen; kurze Vorderflossen, die oft faustartig eingekrümmt werden; Färbung variabel, von weiß- oder gelblich grau bis dunkelbraun.
Rückenseite schwarz gefleckt, Bauch heller und ungefleckt; Jungtiere ähnlich Alttieren. KRL 140–190 cm, G 60–110 kg; ♂ größer und schwerer als ♀.
Verbreitung Europäische Atlantikküste (inkl. Nordsee, in der Ostsee hingegen selten), im S bis Spanien.
Lebensweise Am häufigsten sieht man die an Land unbeholfenen S. auf Sandbänken im Watt oder auf Felsstränden ruhen. Gelegentlich schwimmen sie in Flüsse ein (z. B. Elbe). S. jagen viele Fischarten, Kopffüßer, Krebs- und Weichtiere. Ihre Beute finden sie im Oberflächenwasser wie auf Tauchgängen von bis zu 100 m Tiefe und 30 Minuten Länge. Oft jagen S. im Verbund und treiben sich dabei die Beute zu. Die fast ausschließlich tagaktiven S. sind weitgehend gebietstreu. Außerhalb der Paarungszeit leben S. meist einzelgängerisch, können aber auch gesellig in größeren Rudeln vorkommen. Bei uns kommen die Jungen zwischen März und Juli zur Welt. Gelegentlich werden auch Zwillinge geboren. Bei Abwesenheit oder Verlust der Mutter geben die jungen S. einen charakteristischen heulenden Laut von sich, der den kleinen Kerlen den Namen „Heuler" einbrachte (kleines Foto ganz unten).
Wissenswert! Starke Bejagung, aber auch Störungen an den Wurfplätzen und ständige Beunruhigungen sowie auch Wasserverschmutzung führten zu einem starken Bestandsrückgang. **RL, §§**

dunkle Flecken,
hell beringt

Ringelrobbe

Seehund   Vorderflossen oft faustartig gekrümmt

Kegelrobbe
Halichoerus grypus · Familie Hundsrobben

Größer als der Seehund (⇨ S. 146); spindelförmige Gestalt; langer, kegelförmiger Kopf, Schnauze den Unterkiefer überragend; Färbung variabel.

Erwachsene ♂ meist dunkel mit heller Fleckung, erwachsene ♀ hell mit dunkler Fleckung, besonders helle Tiere fast fleckenlos; Neugeborene mit grauweißem Fell. KRL 180–230 cm, G 105–310 kg.

Verbreitung Nordatlantik, Küsten von Island, Färöer, Brit. Inseln, Nord- und Ostsee; O-Küste Kanadas; bevorzugt in Meeresteilen mit Klippen sowie Fels- u. Geröllküsten.

Lebensweise Die tagaktiven, scheuen K. leben meist in kleinen Gruppen. Gewöhnlich paaren sich die ♂ mit mehreren ♀ und kämpfen dabei z. T. erbittert um ihr Fortpflanzungsrecht. Die Fortpflanzungszeit reicht von

Sep–Mär. Die Jungen werden an Land oder auf dem Eis (Ostsee) geboren, erst nach 4–6 Wochen wechseln sie ihr Babyfell.

Die Nahrung der K. besteht aus vielerlei Küsten- und Hochseefischen sowie Wirbellosen, die in Tauchtiefen bis 130 m und Tauchlängen bis 20 Minuten erbeutet werden. Zu den Lautäußerungen der K. zählen Jaulen, Schnaufen, Grunzen und Brummen.

Wissenswert! K. haben mit Ausnahme des Schwertwals wenig natürliche Feinde. Als Nahrungskonkurrenten („Fischereischädlinge") wurden sie heftig bejagt. Heute sind sie vor allem durch die Meeresverschmutzung (Ostsee) bedroht. **RL**

Jungtier

Bartrobbe
Erignathus barbatus · Familie Hundsrobben

Relativ lang, aufgrund des kleinen Kopfes und der kurzen Vorderflossen noch länger wirkend; charakteristische lange, farblose Schnurrhaare, im trockenen Zustand an den Spitzen nach innen gebogen.

Augen relativ dicht beieinander; Fellfärbung variabel; Jungtiere mit hellen Tupfen und Bändern an Kopf und Rücken. KRL bis zu 250 cm, G (je nach Vorkommen) bis zu 360 kg, ♀ etwas größer als ♂.

Verbreitung Rund um den Nordpol in rel. flachen arktischen bis subarktischen Gewässern, meist südlich des 80. Breitengrads.

Lebensweise B. halten sich oft im Treibeisbereich auf, gehen aber auch an packeisfreien Küsten an Land oder schwimmen in Flüsse ein. Ähnlich dem Walross ernähren sich

B. von bodenlebenden Wirbellosen wie Weichtieren, Stachelhäutern (Seegurken), Garnelen oder Krabben, die sie z. T. mit den Vorderflossen aus dem Substrat ausgraben, daneben auch von Fischen.

Zur Paarungszeit finden sich die ansonsten meist einzelgängerisch lebenden B. zu kleinen Gruppen zusammen. Auf Eisschollen halten B. deutliche Abstände zu anderen Robben und bleiben meist dicht an der Wasserlinie. Im Mär–Mai werden die Jungen auf dem Packeis geboren und rund 2 Wochen lang gesäugt. Die ♂ sind mit 6–7 Jahren, die ♀ mit 5–6 Jahren geschlechtsreif. Zusammen mit den Mönchsrobben haben B. – im Gegensatz zu den übrigen Hundsrobben – 4 Zitzen, die sie einziehen können.

Wissenswert! Der Gesamtbestand der B. wird derzeit auf 600 000 bis 1 Million Tiere geschätzt. Natürliche Feinde sind Eisbär und Schwertwal. Von Menschen wurden B. schon in vorgeschichtlicher Zeit gejagt.

kegelförmiger Kopf

Kegelrobbe

Bartrobbe mit auffallend langen, hellen Schnurrhaaren

Mönchsrobbe

Monachus monachus · Familie Hundsrobben

Relativ kleiner, flacher Kopf; Fellfärbung oberseits dunkelbraun, unterseits blasser, hellere Bereiche an Kopf und Nacken, einige Tiere mit weißem Bauch.

Jungtiere mit schwarzem Wollhaar. KRL 230–340 cm, G 280–320 kg, ♂ kleiner als ♀.

Verbreitung Mittelmeer mit Schwerpunkten Ägäis und Adria sowie südwestl. Schwarzes Meer; auch Atlantikküste NW-Afrikas; heute nur noch kleine Restpopulationen.

Lebensweise M. sind sehr scheu und meiden menschliche Kontakte. Sie halten sich an ungestörten Sand- und Felsküsten mit Klippen und Grotten auf. Höhlen und Felsüberhänge, die von Land unzugänglich sind und z. T. nur

tauchend erreicht werden können, gehören zu den bevorzugten Aufenthaltsorten der meist ortstreuen M., die einzeln oder in kleinen Gruppen leben. Sie ernähren sich hauptsächlich von Fischen, daneben auch von Tintenfischen.

Während M. im Wasser geselliger sind, zählen sie an Land zu den am wenigsten sozialen Robbenarten. Paarungen finden offenbar im Wasser statt. Nach 12-monatiger Tragzeit werden die Jungen an Land in Höhlen geboren, meist zwischen Mai und Nov. Sie wiegen 15–25 kg und sind 80–120 cm lang. Mit 4–6 Wochen findet der erste Fellwechsel statt, die Säugezeit ist 4 Wochen.

Wissenswert! Die Bestände der M. sind extrem gefährdet. Die Aufspaltung in Kleinstpopulationen führt zwangsläufig zu genetischer Verarmung. Trotz umfangreicher Schutzprogramme, u. a. mit Ausweisung von Meeresnationalparks, ist es ungewiss, ob die Art die hohe Belastung und Überfischung ihres Lebensraums sowie die Störungen ihrer Fortpflanzungsgebiete infolge des ausufernden Tourismus überlebt.

Klappmütze

Cystophora cristata · Familie Hundsrobben

Große, kräftige Robbe; bei erwachsenen ♂ Nase zu einer schwarzen Blase umgebildet, die erschlafft wie ein kurzer Elefantenrüssel über das Maul hängt, im aufgeblasenen Zustand den Tieren wie eine Mütze auf dem Kopf sitzt.

Die rote Nasenscheidewand kann durch ein Nasenloch ballonartig herausgeblasen werden, wobei der „Ballon" fast Kopfgröße erreicht (Zeichnung). Nase bei ♀ und Jungtieren leicht nach unten gerichtet, das Maul überragend. KRL 200–260 cm, G 145–400 kg, ♂ größer und schwerer als ♀.

Verbreitung Arktischer Nordatlantik und atlantischer Teil des nördl. Eismeers; weit-

gehend an Packeis und dessen Schwankungen gebunden; z. T. ausgedehnte Wanderungen bis Portugal oder Florida.

Lebensweise Wichtige Fortpflanzungsgebiete der K. sind Treibeisbereiche im offenen Meer. Von Mär–Apr werden die Jungen auf dem Packeis geboren und nur 4 Tage (!) von den Müttern gesäugt. Damit haben K. die kürzeste Säugezeit aller Robbenarten. Die ♀ leben einzelgängerisch und sind in der Zeit um die Geburt recht aggressiv. Die ♂ besuchen die Mütter auf dem Eis, drohen dann den anderen ♂ durch Aufblasen der Nase und Brüllen. Hauptnahrung sind Kopffüßer und Hochseefische.

Jungtier

helle Bereiche
am Kopf

Mönchsrobbe

gefleckt

Klappmütze

Urwildpferd

Equus przewalskii · Familie Pferde

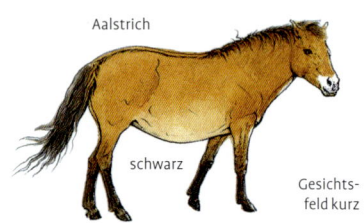

Aalstrich

schwarz

Gesichtsfeld kurz

Urwildpferde vom Typ des Przewalski-Pferds sind die Ahnen unserer Hauspferde. Sie waren einst weit über die flacheren Gebiete Eurasiens verbreitet, von EU bis zur Mongolei.

Dank ihrer Anpassungsfähigkeit bewohnten sie noch während der Würmeiszeit (ca. 50 000–8000 v. Chr.) in verschiedenen Unterarten Tundren, Steppen und Wälder. Das Hauspferd (*Equus przewalskii* f. *caballus*) ist vermutlich aus allen 3 Unterarten des U. hervorgegangen. Dank Erhaltungszucht in Zoos und Wiedereinbürgerung in den ursprünglichen Lebensraum, die mongolische Steppe, existiert das **Przewalski-Pferd** heute noch. Eine gedrungene Gestalt, relativ kurze Beine, eine Stehmähne (Merkmal aller heute noch lebenden wilden Einhufer) und ein dunkler Aalstrich auf dem Rücken sind die charakteristischen Merkmale dieses Wildpferds, das im Winterfell einen markanten Kinn- und Backenbart ausbildet und dessen Schweif im oberen Drittel bürstenartig kurz behaart bleibt. Die Hängemähne der Hauspferde wurde oft als Domestikationsmerkmal angesehen. Wahrscheinlich hatten aber schon die beiden heute ausgestorbenen Wildpferdunterarten, der **Wald-** und der **Steppentarpan**, eine Hängemähne als Anpassung an niederschlagsreiche Lebensräume. Als wichtigste Stammform des Hauspferds gilt der im 19. Jh. ausgestorbene, mausgraue osteuropäische Steppentarpan *E. p. gmelini* (Foto rechts: eine „Rückzüchtung" aus verschiedenen Hauspferde-Rassen).

Esel

Equus asinus · Familie Pferde

Als Haustier ist der E. älter als das Pferd, mit frühesten Nachweisen aus der Zeit um 3100 v. Chr. in der mesopotamischen Stadt Uruk Warka. Durch züchterische Auswahl entstanden aus der grauen Wildeselform schwarze, weiße und gescheckte Varianten.

Die Größe variiert ähnlich wie beim Hauspferd beträchtlich, vom ceylonesischen Zwergesel bis zum Poitou-Riesenesel.
Als Stammform der heutigen Hauesel gilt der **Nubische Wildesel** *Equus asinus africanus*. Vom Pferd und den Halbeseln unterscheiden sich die afrikan. Wildesel v. a. durch die Länge der Ohren, durch ihre graue Fellfarbe mit dunklem Schulter- und Rückenstreifen und durch ihren Quastenschwanz. Wildesel gab es einstmals in weiten Teilen N-Afrikas. Bis zu Beginn der Domestikation hing der Lebensraum der mindestens 3 Unterarten weitgehend zusammen. Der **Nordwestafrikanische oder Atlas-Wild**esel wurde bereits im ersten vorchristlichen Jahrtausend ausgerottet. Vom Nubischen ebenso wie vom **Somali-Wildesel** existieren heute nur noch sehr kleine, äußerst bedrohte Bestände. Ersterer zeichnet sich durch ein Schulterkreuz, zweiterer (siehe Foto) durch eine zebraartige Beinstreifung aus. Im Mittelmeerraum wurden Hausesel zum Dreschen, Betreiben von Wasserrädern, als Reit- und Lasttiere eingesetzt. Nach N-EU kamen Hausesel erst im Mittelalter, wurden aber nördlich der Alpen (bis auf Irland) nie recht heimisch.
Bis zur Mechanisierung der Landwirtschaft lag die wirtschaftliche Bedeutung des Hauesels v. a. in der Maultierzucht. **Maultiere** entstehen durch Kreuzung von Pferdestuten mit Eselhengsten. Das umgekehrte Kreuzungsprodukt wird als **Maulesel** bezeichnet. Weil die Chromosomenzahl von Pferden und Eseln nicht übereinstimmt, sind Maultiere im Allg. unfruchtbar.

dunkler Aalstrich

Urwildpferd

Esel hier ein Somali-Wildesel (Beine gestreift)

Wildschwein

Sus scrofa · Familie Schweine

Typische Schweinegestalt; schwarz- bis graubraunes, borstiges Fell, im Winter dunkler; ♂ (Keiler) mit kräftigen, dreikantigen, äußerlich sichtbaren Eckzähnen im Unterkiefer.

Fell mit langen Grannen und dichter Unterwolle; KRL 110–180 cm, SL 15–25 cm, SH 60–115 cm, G 50–350 kg.

Verbreitung Eurasien bis Indien, Japan, N-Afrika (in 18 Unterarten).

Lebensweise W. leben in Laub- und Mischwäldern mit Sümpfen, in Schilfgebieten und anderen deckungsreichen Landschaften. Zur Nahrungsaufnahme ziehen die tag- und nachtaktiven Allesfresser auch auf Felder. ♀ (Bachen) und Jungtiere (Frischlinge bzw. Überläufer) leben in Familienverbänden (Rotten) mit bis zu 50 Tieren unter Führung des ältesten ♀. Männliche Tiere werden ab 1½ Jahren nicht mehr geduldet und leben dann als Einzelgänger. Zur Geburt, oft schon im Feb/Mär, baut das ♀ ein großes Nest aus dürrem Gras, Farnkraut und Zweigen. Nach 112–130 Tagen Tragzeit kommen pro Wurf meist 4–8, gelegentlich bis zu 13 Junge zur Welt, die zunächst noch recht kälteempfindlich sind. Sie werden 3–4 Monate gesäugt.

Wissenswert! W. haben sich in den letzten Jahrzehnten enorm vermehrt. Im Jahr 1999 wurden in D über 400 000 W. erlegt, viermal so viele wie 20 Jahre davor. Ursachen für die starke Vermehrung sind großflächiger Maisanbau und mehrere Eichen- und Buchenmastjahre in rascher Folge (hochwertige Nahrung), schneearme Winter und nachlässige Bejagung. W. leben heute in unmittel-

barer Stadtnähe (z. B. in Berlin) und nutzen dort Müll und Abfälle. Die Schweinepest kann Wildschweinpopulationen drastisch dezimieren, aber ihre hohe Vermehrungsrate vermag Verluste rasch wieder auszugleichen. Eine W.-Population ohne Jagd und Beutegreifer kann sich theoretisch innerhalb von 4 Jahren verzehnfachen.

„Schild" aus besonders dichtem Haar schützt bei seitlichem Angriff

Losungen:

Feldhase   Rotwild   Wildschwein

Foto oben: Aufmerksames Sichern. Unten: Zu allen Jahreszeiten suhlen sich Wildschweine gern im Schlamm.

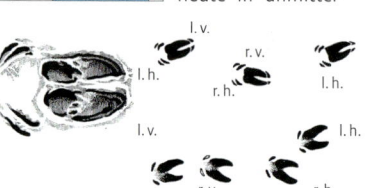

l. v.   r. v.   l. h.   r. h.   l. v.   l. h.   r. v.   r. h.

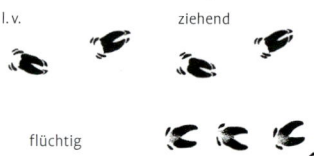

l. v.   ziehend   flüchtig

Wildschwein oberes Bild: Keiler (große Hauer); unteres Bild: Bache mit Frischlingen

Muntjak, Reeves Muntjak
Muntiacus reevesi · Familie Hirsche

Nur etwa fuchsgroßer, hinten leicht überbauter Kleinhirsch; ♂ außer im Frühsommer mit kurzem, nach rückwärts gerichtetem Geweih auf hohen Rosenstöcken und hauerartigen Eckzähnen im Oberkiefer.

Fellfärbung variabel, von gelblich oder fuchsrot bis dunkelbraun, Kehle, Kinn und Schwanzunterseite stets weißlich; Jungtiere braun mit gelblichen Flecken. KRL 70–90 cm, SH 40–50 cm, SL 12 cm, G 12–22 kg, ♂ größer und schwerer als ♀.

Verbreitung Beheimatet in S-China und Taiwan; in EU in England heute erfolgreich eingebürgert.

Geweih kurz, gegabelt, hohe Rosenstöcke

Lebensweise Die scheuen, einzeln, paarweise oder im Familienverband lebenden M. besiedeln unterholzreiche Waldgebiete. Zur Brunftzeit im Jan/Feb markieren die ♂ ihre Reviere durch Reiben ihrer Voraugendrüsen an Gehölzen. Im Spätsommer gebären die ♀ dann 1–2 Junge, die sie etwa 3 Monate säugen. M. fressen Blätter, Früchte, Gräser und Baumsamen. Bei Erschrecken geben sie bellende, schrille Laute von sich.

Wissenswert! In England wurde der Reeves M. im Woburn Park in Bedfordshire eingeführt, breitete sich von hier seit 1947 stark aus und bastardierte mit dem schon früher ausgesetzten Indischen Muntjak *(M. muntjak)*. In Frankreich hingegen misslang seine Einbürgerung.

Axishirsch
Axis axis · Familie Hirsche

Größe und Gestalt ähnlich dem Damhirsch (⇨ S. 158); Fell gelblich bis rötlich braun, in jedem Alter mit weißen Tupfenreihen, auf dem Rücken typischer dunkler Mittelstrich.

♂ mit langen, dünnen Geweihstangen mit meist je 3 Enden, ohne Schaufel- oder Kronenbildung; Bauchseite, Kehle und schmaler Spiegel weiß; relativ langer Schwanz. KRL 110–140 cm, SL 20–30 cm, SH 75–95 cm, G 75–100 kg.

Verbreitung Beheimatet in Vorderindien und Sri Lanka; in vielen Teilen der Welt eingebürgert, z. B. in Australien, Hawaii, Texas und S-Amerika; in EU nur in Istrien.

Geweih in der Regel sechsendig

Lebensweise In ihrem natürlichen Verbreitungsgebiet leben A. zumeist in Großgruppen in laubabwerfenden Monsunwäldern und Parklandschaften. Sie ernähren sich dort von Laub, Früchten und Gräsern. Tiger, Leopard, Schabrackenschakal, Indischer Wolf, Python und Krokodile zählen zu ihren Feinden. Entsprechend der tropischen Heimat fehlt dem A. eine ausgeprägte Jahresrhythmik. Auch in EU haben die Tiere keine feste Brunftzeit. Während der Brunft lassen die oft einzelgängerisch lebenden alten ♂ ein lautes Bellen und Schreien hören. Das Geweih kann im Laufe des ganzen Jahres abgeworfen werden. Auch die Geburten liegen jahreszeitlich nicht fest.

Ähnliche Art: ⇨ S. 186.

hohe Rosen-
stöcke

Muntjak, Reeves Muntjak

weiße Tüpfelreihen

Axishirsch

Damhirsch

Dama dama · Familie Hirsche

Kleiner als ein Rothirsch; ♂ mit einem Schaufelgeweih, Geweihabwurf im Apr/Mai; Sommerfell rotbraun mit weißen Flecken, Winterfell dunkler, schwächer gefleckt.

Schwanz oberseits mit dunklem Mittelstreifen, unterseits weiß; Spiegel oben schwarz gerandet. Schwarze, weiße und isabellfarbene Farbvarianten. KRL 130–230 cm, SL 15–20 cm, SH 85–110 cm, G 45–150 kg, ♂ größer und schwerer als ♀.
Verbreitung Einst in den Mittelmeerländern und Vorderasien, in EU schon im Altertum ausgerottet, einige ursprüngliche Bestände nur noch in Kleinasien.

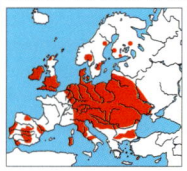

Lebensweise Die vorwiegend dämmerungs- und tagaktiven D. bevorzugen Mischwälder der Ebenen und Mittelgebirge. Im Winter leben ♂ und ♀ in großen Rudeln zusammen, im Frühjahr trennen sie sich. Während der Brunft (Okt–Nov) kämpfen die ♂ um ♀-Rudel und schlagen mit dem Geweih an bestimmten Plätzen Erdgruben.
Wissenswert! Seit dem Mittelalter in EU als Parkwild wieder eingebürgert; heute in vielen Ländern freilebend.

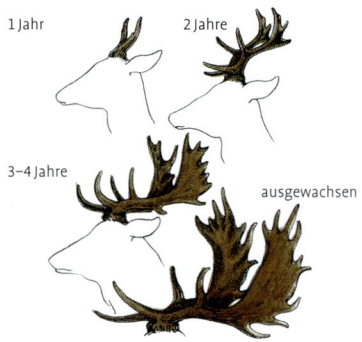

1 Jahr
2 Jahre
3–4 Jahre
ausgewachsen

Sikahirsch

Cervus nippon · Familie Hirsche

Gedrungener Hirsch; ♂ mit verhältnismäßig kleinem Geweih, bis zu 4 Enden je Stange (nach vorn gerichteter Augenspross, Mittelspross sowie gegabelte Spitze).

Körpermasse der Unterarten stark variierend; Fellfärbung im Sommer rötlich hellbraun mit deutlich sichtbaren Flecken auch bei den erwachsenen Tieren; im Winter Fleckenzeichnung zurücktretend. KRL 105–150 cm, SH 80–110 cm, G 25–110 kg.
Verbreitung O-Asien; soweit bekannt, stammen die in W-, M.- und O-EU eingeführten Tiere aus Japan.
Lebensweise S. kommen in Laub- und

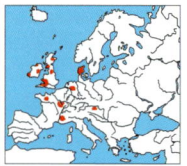

Mischwäldern und Parklandschaften vor. Ähnlich dem Rothirsch leben die tag- und nachtaktiven Tiere im Sommer getrennt in ♂-Rudeln und ♀-Rudeln mit Jungen, im Winter mischen sie sich. S. sind schnelle, aber wenig ausdauernde Läufer.
Zur Brunftzeit (Sep–Dez) bilden die ♂ Harems mit bis zu 7 ♀. Nach einer Tragzeit von 7½ Monaten kommen 1, selten auch 2 Junge zur Welt, die mit 4–6 Monaten entwöhnt werden. Bei Beunruhigung lassen S. schrille Warnschreie hören, die Brunftrufe des ♂ sind ein in ein Knören mündendes schrilles Quietschen. S. ernähren sich von Laub und Gras und suhlen sich gern.

Damhirsch   rechtes unteres Bild: säugende Hirschkuh

Sikahirsch   auffällig gedrungene Gestalt

Rothirsch

Cervus elaphus · Familie Hirsche

Größte Art der Gattung mit vielen Unterarten; ♂ mit starkem Stangengeweih, ♀ geweihlos; Fell im Sommer rötlich bis zimtbraun, im Winter graubraun; Schwanzumgebung gelblich (Spiegel).

♂ im Herbst/Winter mit Halsmähne; Jungtiere mit Längsreihen heller Flecken. KRL 165–250 cm, SL 12–15 cm, SH 120–150 cm, G 100–220 kg (♂), 70–150 kg (♀).

Verbreitung Zahlreiche Einzelpopulationen in EU (außer Island und großen Teilen Skandinaviens); Unterarten in Asien (Maral), N-Amerika (Wapiti), N-Afrika.

Lebensweise Der R. lebt in Wäldern mit Freiflächen, im Sommer bis hinauf zur Mattenregion, auch in waldlosem Heide-Hochland. Er ist ein tag- und nachtaktiver Pflanzenfresser, der täglich zwischen Deckungs- und Äsungsflächen, saisonal zwischen Sommer- und Wintereinständen wechselt. Die Hirschkühe bilden mit den Jungtieren Rudel, männliche R. schließen sich im Sommer oft zu Gruppen zusammen, im Nov wandern sie einzeln zu den Brunftplätzen. Ältere Hirsche (etwa ab 6 Jahre) erobern einen Harem und verteidigen diesen mit lautem Brunftgeschrei (Röhren) gegen Rivalen. Die Kämpfe sind stark ritualisiert, sodass sich Verletzungen in Grenzen halten.

Im Spätwinter verlieren die Hirsche ihr Geweih, ab Frühjahr wächst ein neues. Wenn es fertig entwickelt ist (im Aug), wird die blutführende, nun aber getrocknete Basthaut abgestreift (gefegt). In der geweihlosen Zeit tragen Hirsche ihre Streitigkeiten auf den Hinterläufen stehend aus, wobei sie mit den Eckzähnen im Oberkiefer drohen. Diese sind stark zurückgebildet, doch ist die Drohgeste aus dem Verhaltensrepertoire des R. noch nicht verschwunden. Hirschkühe drohen ebenso mit den Eckzähnen, benutzen sie sogar zum Zuschlagen. Im Mai/Jun werden nach einer Tragzeit von 33–34 Wochen die Kälber geboren. Sie trinken 5 Monate lang bei der Mutter, mit ca. 1½ Jahren werden sie geschlechtsreif.

Wissenswert! In der modernen Forstwirtschaft stellt der R. ein Problem dar. Er zieht mit den Schneidezähnen die Rinde von jungen Bäumen und kann durch dieses „Schälen" große Wertverluste verursachen, besonders in monotonen Fichten- und Kiefernforsten. Überhege und falsche Winterfütterung des R. tragen zu den Schälschäden einen Gutteil bei.

Frühjahrslosung

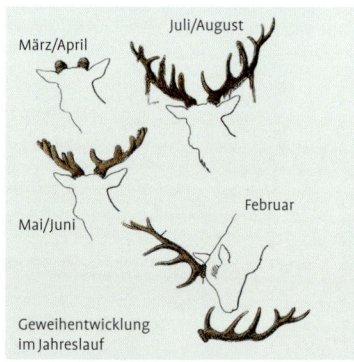

Juli/August

März/April

Mai/Juni

Februar

Geweihentwicklung im Jahreslauf

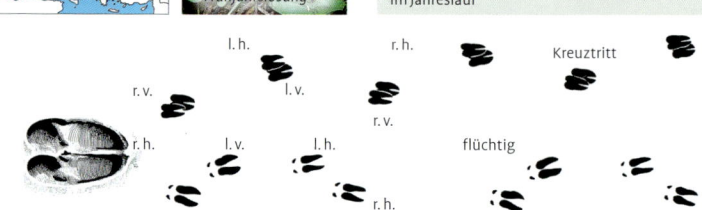

l. h.

r. h.

Kreuztritt

r. v.

l. v.

r. v.

r. h.

l. v.

l. h.

flüchtig

r. h.

Rothirsch unten links: röhrender Hirsch; unten rechts: Hirschkuh mit zwei Kitzen

Elch

Alces alces · Familie Hirsche

Größte Hirschart; langbeinig; breite, überhängende Oberlippe (Muffel), große Ohren; nur ♂ mit Geweih, bei alten meist schaufelförmig (bis zu 2 m breit und 20 kg schwer).

Geweih bei jüngeren ♂ stangenförmig. KRL 200–310 cm, SL ca. 5 cm, SH 150–230 cm, G 270–800 kg.

Verbreitung Skandinavien, NO-EU, Sibirien, Kanada und Alaska.

Lebensweise Der E. ist ein Bewohner der Taiga, aber auch von Laubmischwäldern. Er frisst v. a. Laub, junge Kieferntriebe sowie Wasser- und Sumpfpflanzen. Im Grunde sind E. Einzelgänger, nur im Winter schlie-ßen sie sich auch zu kleinen Rudeln unter ♀-Führung zusammen. Die südliche Verbreitungsgrenze des E. ist durch die Temperatur bestimmt. Durch seine große Körpermasse ist der E. gut an Kälte, aber schlecht an Wärme angepasst. Ihm wird es bei 5 °C (Winter) bzw. 16 °C (Sommer) zu warm. Dies erklärt seine Vorliebe für Wasser. Hier findet er zu allen Jahreszeiten Kühlung.

Stangengeweih

Schaufelgeweih

Ren

Rangifer tarandus · Familie Hirsche

Einzige Hirschart, bei der auch ♀ ein Geweih tragen, das jedoch schwächer ausgebildet ist als dasjenige der ♂; asymmetrische Geweihstangen, eine der Augsprossen nach vorn gerichtet.

Dichtes Fell mit Unterwolle, im Winter heller, oft grau, im hohen N fast weiß; domestizierte Tiere auch gescheckt; Geweihabwurf der ♂ im Winter, der ♀ nach dem Kalben im Frühjahr; sehr große Hufe, laut vernehmliche Knackgeräusche beim Gehen. KRL 120–220 cm, SL 7–18 cm, SH 80–140 cm; G 120–220 kg, ♂ größer und schwerer als ♀; Hausren kleiner als die Wildform.

Verbreitung Arktis und Subarktis der Alten

und Neuen Welt; in EU außerdem auch in S-Norwegen, Mittelfinnland, an der russischen Grenze und im N Russlands.

Lebensweise R. bewohnen als schnelle, ausdauernde Läufer die Tundra, Taiga und subalpinen Gebiete. Die geselligen Tiere bilden große Herden und unternehmen weite Wanderungen. Nur alte ♂ finden sich in kleinen Rudeln zusammen oder sind als Einzelgänger unterwegs. Während der Paarungszeit von Sep–Okt bildet ein ♂ einen Harem mit 20 und mehr ♀. Das im Mai/Jun geborene Junge kann nach 1–2 Tagen schon mit der Mutter mitlaufen und mitschwimmen.

♀

♂

Elch   oberes Bild: ein kapitaler „Schaufler"; unten: Elchkuh mit Kalb

Geweih im Bast

Ren

Reh

Capreolus capreolus · Familie Hirsche

Kleinste in EU ursprünglich heimische Hirschart; ♂ mit bis ca. 30 cm langem Geweih mit meist 6 Enden; Sommerfell rotbraun, Winterfell graubraun mit weißer Analregion (Spiegel).

KRL 95–135 cm, SL 1–2 cm, SH 60–90 cm, G 15–35 kg.

Verbreitung EU mit Ausnahme von Island, Irland, dem hohen N und einigen Mittelmeergebieten.

Lebensweise Wenngleich typische Waldrandbewohner, sind R. doch in fast allen Landlebensräumen bis zur Waldgrenze anzutreffen. Sie leben einzeln (Böcke) oder in kleinen Familiengruppen, im großflächigen Agrarland (Polen) im Winter auch in großen Rudeln (100 Tiere und mehr).

Männliche R. (Böcke) besetzen im Frühjahr ein Territorium (20–70 ha), markieren es mit dem Sekret aus Stirndrüse sowie durch Scharren am Boden (dem sog. Plätzen) und Blankschaben von Zweigen und Stämmchen (Fegen) und vertreiben jeden anderen Bock. In der Brunft treibt der Bock die Ricke (weibliches Reh) längere Zeit, oft mehrere Stunden, in immer engeren Kreisen und Schleifen. Dadurch entstehen charakteristische Spuren im Gras oder Getreide, die sog. Hexenringe. Beginn, Tempo und Ende des Treibens werden von der Ricke bestimmt. Von ihr ist dabei ein Fiepen zu hören, vom Bock ein lautes Keuchen. Durch das Treiben wird der Eisprung ausgelöst.

Nach der Befruchtung (Jul/Aug) macht das Ei nur wenige Zellteilungen durch. Erst Ende Dez wächst der Embryo weiter. Mit dieser Keimruhe hat das R. die beiden energiezehrenden Lebensabschnitte Brunft und

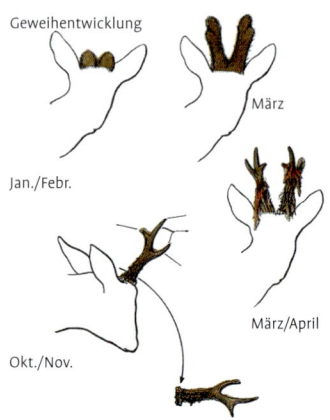

Geweihentwicklung

Jan./Febr.

März

März/April

Okt./Nov.

Setzzeit in nahrungsreiche, schneelose Monate gelegt. Nach einer Gesamttragzeit von 9–10 Monaten kommen 1–2, selten auch 3 Junge zur Welt, die rund 3 Monate lang gesäugt werden.

R. sind auf hochwertige Nahrung angewiesen, das sind Kräuter und Knospen. Sie beißen gern Laubholz- und Tannenknospen ab, reduzieren so das Aufkommen von Laubbäumen und Tannen im Jungwald und tragen zur „Verfichtung" der Wälder bei.

Ähnliche Art: ⇨ S. 186

Rehbett (Lager)

Fegespur

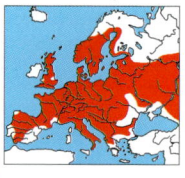

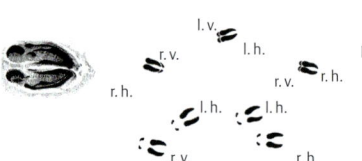

l. v.
r. v.
l. h.
l. h.
r. v.
r. h.
r. h.
l. h.
l. h.
r. v.
r. h.

l. h.
l. h.
ziehend

flüchtig

Reh obere Bilder: Rehbock, links im Winter, rechts im Sommer; unten: Geiß mit Kitzen

Wisent und urtümliche Rinder

Bison bison u. a. · Familie Hornträger

Großes, massiges Rind; massiger Vorderkörper, Brustkorb aber etwas kleiner als beim amerikanischen Bison; dunkelbraunes, dichtes Fell.

KRL 250–350 cm, SL 50–80 cm, SH 180–195 cm, G 800–1000 kg (♂), ♀ leichter.

Verbreitung Wild lebend Anfang des 20. Jh. in EU ausgerottet; jetzt wieder frei lebende Bestände in Polen (Bialowieza und im SO), Russland (Westkaukasien) und Rumänien.

Lebensweise Der tag- und nachtaktive W. ist ein Bewohner von Laub- und Mischwäldern mit sumpfigen und grasigen Lichtungen. Die Herden werden von Leitkühen geführt. Alte Stiere sind meist Einzelgänger und nur in der Brunftzeit bei der Herde.

Man unterschied 2 Unterarten, den Flachland-W. und den Kaukasus-W. Ihre letzten frei lebenden Vertreter wurden 1921 in Polen bzw. 1925 im Kaukasus geschossen. Die heutigen Bestände gehen auf lediglich 54 Tiere zurück, die bis 1924 in Gehegen überlebt hatten. Weil deren Unterart-Zugehörigkeit vielfach nicht geklärt ist und in einigen Fällen sogar amerikanische Bisons an der Zucht beteiligt wurden, ist der genetische Status der heutigen W. zweifelhaft. Wegen sehr kleiner Zuchtgruppen muss von einem hohen Inzuchtrisiko ausgegangen werden. Einige Krankheiten deuten bereits darauf hin.

Das Überleben freier W.-Populationen wird vor allem davon abhängen, ob es gelingt, sehr große Areale zu finden, wo W. ohne allzu große Konflikte mit der Landnutzung leben können. §§

Amerikan. Bison

Wisent

Ur

Hausrind

Wasserbüffel

Verwandt Der **Ur** oder **Auerochse** *Bos primigenius*, von dem das letzte Exemplar 1627 in Masuren gewildert wurde, ist die Stammform aller europäischer Hausrinderrassen. Die Ur-Stiere, die eine Widerristhöhe von 1,80 m erreichten, waren schwarz bis dunkelbraun gefärbt und trugen einen weißlich gelben Aalstrich, die Kühe hatten eine rötlich braune bis graue Fellfarbe. Das Flotzmaul war hell umrandet, die mächtigen, nach vorn gerichteten Hörner trugen schwarze Spitzen. In den 1930er-Jahren gelang es in den Zool. Gärten München und Berlin durch Kreuzung primitiver Hausrinderrassen eine Rasse zu züchten, die dem Ur in vielen Merkmalen ähnelt.

Der **Haus-Wasserbüffel** stammt vom Vorderindischen Wasserbüffel oder Arni *Bubalus arnee* ab, bleibt aber mit einer Schulterhöhe von rund 1,50 m etwas kleiner als dieser. Der H.-W. wird weltweit als Haustier gehalten, u. a. in SO-EU und den Mittelmeerländern.

Wisent

Ungarisches Graurind (Hausrinderrasse) ♂

Gämse
Rupicapra rupicapra · Familie Hornträger

Ziegenähnlich; beide Geschlechter mit Hörnern; Fell im Sommer rötlich braun mit dunklem Aalstrich auf dem Rücken, im Winter mehr schwarzbraun.

Verlängerte Haare auf der Kruppe („Gamsbart"). KRL 110–140 cm, SL 10–15 cm, SH 70–85 cm, G 22–62 kg (♂), 14–50 kg (♀).
Verbreitung Alpen, Gebirge von SO- und S-EU, Kaukasus, Kleinasien; in verschiedenen Mittelgebirgen in und außerhalb von EU eingebürgert (in D im Schwarzwald und der Sächsischen Schweiz).
Lebensweise Als hervorragende Kletterer bewohnen G. offenes und felsiges Gelände. Die tagaktiven Tiere leben in Rudeln oder einzeln. Bei Beunruhigung warnen sie die anderen durch Aufstampfen mit den Füßen und heiseres Pfeifen. Ihre Nahrung besteht aus Gräsern, Kräutern, Knospen und Beerensträuchern, ihre natürlichen Feinde sind vor allem Luchs, Wolf und Adler.
Im Sommer leben G. oberhalb der Waldgrenze. Weibliche G. bilden zusammen mit Kitzen und Jährlingen große Rudel, Böcke leben in kleinen Gruppen oder allein. Einzelne Böcke beziehen auch Einstände im Wald, dort verhalten sie sich territorial und vertreiben andere Böcke. Zur Brunft bei Wintereinbruch gesellen sich die Böcke zu den ♀-Rudeln. Sie imponieren, indem sie den sog. Bart, bis zu 25 cm langes Rückenhaar, aufstellen und so ihren Umriss optisch vergrößern. Es kommt zu heftigen Hetzjagden zwischen den Böcken, wobei Verfolger und Verfolgter mehrmals wechseln können. Diese Hetzjagden, oft bei tiefem Schnee, sind sehr kräftezehrend. Viele Böcke bezahlen die Verluste an Körperfett ausgangs des

Die sog. Jahresringe an den Gämsenhörnern erlauben eine genaue Altersbestimmung. Die ersten (oberen) 5 Wachstumsabschnitte sind deutlich größer als die folgenden.

1., 2., 3., 4., 11. Jahr

gen werden etwa 6 Monate lang gesäugt, mit 2 Jahren sind sie geschlechtsreif.
Ein breites Repertoire an Drohgebärden verhindert, dass sich die G. bei Auseinandersetzungen häufig beschädigen. Wenn es dennoch zum Kampf kommt, nimmt der Unterlegene sehr bald eine auffällige Demutshaltung ein. Damit verhindert er weitere Angriffe des Stärkeren und somit Verletzungen durch dessen Hörner.

Pyrenäengämse
Rupicapra pyrenaica · Familie Hornträger

Ähnlich der Gämse, aber schlanker, längere Hörner, am Hals dunkler Strich von den Ohren bis zu den Vorderläufen.

Fell im Sommer rötlich beige, im Herbst/Winter dunkelbraun mit gelblichen Flecken an Kehle, Halsseiten u. Hinterbeinen.
Verbreitung Pyrenäen, NW-Spanien, Zentralitalien (Abruzzen); Bestand gefährdet.
Wissenswert! Pyrenäen- und Abruzzengämse sind vermutlich die Restbestände der ersten Gämsen, die vor der letzten

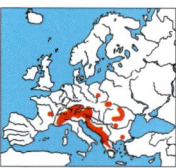

Winters mit dem Leben. Nach rund 6 Monaten Tragzeit bringen die Geißen jeweils 1 Kitz zur Welt, selten auch Zwillinge. Die Jun-

Eiszeit von Asien her in EU einwanderten. Nach der Eiszeit führte eine zweite Einwanderungswelle zur Besiedlung der Alpen.

 l. h.+ l. v.   l. h.+ l. v. ziehend

 r. h.+ r. v. r. h.+ r. v.

im Winterfell

im Sommerfell

Gämse

Pyrenäengämse

Moschusochse
Ovibos moschatus · Familie Hornträger

Ähnlich einem kleinen Rind; durch lang herabhängendes, zottiges Fell sehr massig wirkend; Fellfärbung dunkelbraun mit hellerem Sattel auf dem Rücken, Beine gelblich grau.

Beide Geschlechter mit spitzen, hakenförmig nach vorn und oben zulaufenden Hörnern, beim Bullen ein mächtiger, helmartiger Hornwulst als Stirnplatte; kurzer Schwanz, große, spreizbare Hufe. KRL 200–250 cm, SL 6–17 cm, SH 90–150 cm, G 180–400 kg, ♂ größer und schwerer als ♀.

Verbreitung Arktische Gebiete N-Amerikas und Grönlands; im arktischen Eurasien nacheiszeitlich ausgestorben; erfolgreiche Wiedereinbürgerungen in Alaska, Russland, Spitzbergen (1929), S-Norwegen (Dovrefjell, 1932), von dort nach Schweden (Härjedalen) eingewandert.

Lebensweise Die tag-, im Winter auch nachtaktiven Tiere leben in arktischen Tundrengebieten mit geringem Niederschlag und niedriger Schneedecke. Der Dauerfrostboden hält das dürftige Regenwasser und den geschmolzenen Schnee fest, sodass sich während der langen Sommertage eine für arktische Verhältnisse saftige Vegetation entwickeln kann, die den M. nahrhaftes Futter bietet: Gräser, Kräuter, Flechten, Moose, Zwergsträucher, Pilze und Triebe der Polarweide. Ab Sep ist der Tundraboden wieder schneebedeckt. Wenn eine verharschte Kruste das Scharren nach Gräsern erschwert, schlagen M. mit dem Kopf „Futterkrater" in den Schnee.

Im Winter leben M. in größeren Verbänden mit 100 und mehr Tieren, im Sommer in kleinen Gruppen. Während der Brunft im Mittsommer kommt es zu ausgedehnten Kämpfen zwischen gleich starken Bullen einer Herde oder zwischen Bullen verschiedener Gruppen. Die Kämpfe entscheiden über die Rangstellung innerhalb der Herde oder über den Besitz einer Haremsgruppe. Dem eigentlichen Kampf gehen Brüllen und

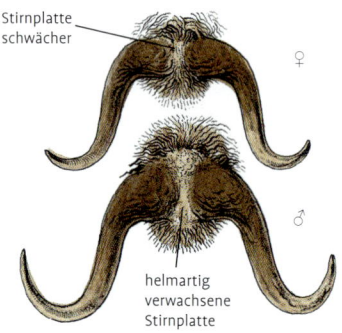

Stirnplatte schwächer

♀

♂

helmartig verwachsene Stirnplatte

Drohgebärden voraus. Zunächst reiben die Bullen mit ihren Voraugendrüsen am Boden oder am eigenen Vorderbein, um sich dann langsam und steifbeinig im Parallelmarsch seitlich zum Gegner zu bewegen. In Frontalstellung treten beide dann langsam rückwärts, greifen aus einiger Entfernung im Galopp an, um krachend mit der gepolsterten Stirn zusammenzuprallen. Nach den bis zu 20-mal wiederholten Rammstößen schieben und haken sie mit ihren scharfen Hornspitzen. Die Paarungen finden von Jul–Sep statt. Nach ca. 8,5 Monaten Tragzeit wird in Apr/Mai 1 Junges geboren, das schon nach 1 Stunde der Mutter folgen kann und bis zu 1 Jahr gesäugt wird.

Wissenswert! Bei einem Angriff von Raubfeinden, z. B. Wölfen, bilden die Alttiere einen Verteidigungsring um die Kälber, der allerdings von erfahrenen Wolfsrudeln durch Scheinattacken durchbrochen werden kann. Diese Verteidigungsstrategie machte es mit Gewehren bewaffneten Jägern leicht, sich auf Schussweite zu nähern und eine Herde komplett zu erlegen.

heller Sattel

Moschusochse

Alpensteinbock
Capra ibex · Familie Hornträger

Etwa ziegengroß, aber kräftiger; ♂ mit kurzem Bart; säbelförmig nach hinten gekrümmte Hörner, beim ♂ (Bock) bis 100 cm, beim ♀ (Geiß) bis 35 cm lang. KRL 75–170 cm, SL 12–15 cm, SH ♂ 85–94 cm, ♀ 70–78 cm, G ♂ 70–125, ♀ 40–50 kg.

Verbreitung Gebirgsmassive von EU; Mitte des 19. Jh. nur noch 50–100 Tiere im Gran Paradiso (Aostatal/Italien); von dort erfolgreiche Wiedereinbürgerung im Alpenraum. (In der Verbreitungskarte grün: Pyrenäensteinbock.)

Lebensweise Der A. bevorzugt reich gegliederte, steile und felsige Hänge hoch über der Waldgrenze als Lebensraum. Er ist bestens an das Hochgebirgsleben angepasst. Seine große Körpermasse macht ihn kältehart. Mit seinen spreizbaren Hufen kann er sich an kleinsten Unebenheiten im Fels festklammern, die Hufsohle ist wie ein moderner Kletterschuh ausgebildet. Als Nahrung dienen den vorwiegend tagaktiven A. Kräuter, Gräser, Knospen, Triebe, Flechten und Moose. Die genügsamen Tiere kommen mit zähem Gras durch den Winter. Allerdings haben A. wegen ihres hohen Gewichts mit tiefem Schnee ihre Schwierigkeiten. Im Winter sind sie auf steile, südseitige Hänge angewiesen, wo der Schnee abgleitet. Auf der Suche nach geeigneten Wintergebieten wandern A. bis zu 50 km weit an den Graten entlang. Felsfreie, bewaldete Täler überqueren sie kaum.

Außerhalb der Paarungszeit (Dez/Jan) leben A. in getrennten Bock- und Geißverbänden. Nach einer Tragzeit von 165–170 Tagen bringen die Geißen, zumeist im Juni, jeweils 1, gelegentlich auch 2 Junge zur Welt, die der Mutter bereits nach 1 Tag in den Fels folgen können und bis zum Herbst gesäugt werden.

Wissenswert! Die vom A. bevorzugten Lebensräume finden sich am ehesten in den Zentral- und Südalpen. Welcher Teil der Alpen früher tatsächlich vom S. besiedelt war, ist nicht geklärt. In niederschlagsreichen (regenreichen) Gebirgen ist die Zuwachsrate gering. Wahrscheinlich kam der A. deshalb in den Nordalpen (Bayern) von Natur aus nie vor.

Der A. wurde im Mittelalter hemmungslos bejagt und gewildert, weil man seinem Blut, dem Horn und einem Herzknorpel magische Heilkräfte nachsagte. Sein Verhängnis war es, dass er nicht weit flüchtet, sondern nur Steilwände aufsucht, wo er sich sicher fühlt. Als Bogen und Armbrust durch weit reichende Pulverwaffen ersetzt wurden, ging es mit den A. rasch dahin. Nur im Gran Paradiso überlebte eine kleine Zahl, bewacht von den Wildhütern des italienischen Königs Viktor Emanuel III.

Aus jagdlichem Interesse sind A. in vielen Gebirgsstöcken ausgesetzt worden und leben heute wieder in großer Zahl (ca. 40 000 Tiere) in den Alpen. Manche Kolonien sind allerdings isoliert oder in ungeeigneten Lebensräumen, andere haben eine geringe genetische Breite, weil sie von nur wenigen Tieren abstammen.

Gehörnentwicklung beim Alpensteinbock

4 Jahre

11 Jahre

Ähnlich **Pyrenäensteinbock** *Capra pyrenaica*, KRL 90–140 cm, G 30–80 kg; Hörner des ♂ meist leierförmig nach hinten, zur Spitze hin nach oben gebogen, weit ausladend; mit 3 Unterarten in isolierten Populationen in Felsregionen Spaniens, 4. Unterart in den Pyrenäen Ende 20. Jh. ausgestorben.

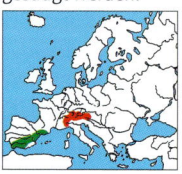

Alpensteinbock   oberes Bild: Männchen-Rudel

Mufflon

Ovis ammon · Familie Hornträger

**Schaftyp, im Unterschied zum Haus-
schaf aber anliegendes, kurzhaariges
Fell; ♂ mit starkem, schneckenförmig
nach vorn gedrehtem Gehörn, Vollkreis
vom 10. Lebensjahr an.**

♂ im Sommer kräftig rotbraun, im Winter
schwarzbraun gefärbt, meist mit hellem
Rückenfleck (Sattel); ♀ im Sommer bräunlich, im Winter graubraun gefärbt, Gehörn
nur kurz nach hinten gebogen oder fehlend. KRL 110–130 cm, SL 4–8 cm, SH 65–
80 cm, G 25–55 kg.

Verbreitung Sardinien und Korsika; aus
jagdlichen Gründen in viele Gebiete von M.-
und S-EU eingeführt.

Lebensweise M. halten sich vorzugsweise in hügeligem Gelände auf. Sie sind nicht
territorial. Die geselligen Tiere leben in Rudeln, die von einem alten Mutterschaf an-
geführt werden. Außerhalb der Brunftzeit bilden die Widder oft eigene Verbände.
Die Nahrung der M. setzt sich aus Gräsern,
Kräutern und Laub zusammen.

Im Apr/Mai werden nach 5 Monaten Tragzeit die Lämmer geboren, die Säugezeit
beträgt rund 4 Monate. Mit etwa 2 Jahren
werden die Jungtiere geschlechtsreif.

Wissenswert! Der Ursprung des M. ist umstritten. Einige Forscher halten die Art für
eine verwilderte Form von Hausschafen. In
die meisten Populationen sind zumindest
heute Hausschafe und/oder Zackelscha-
fe eingekreuzt worden. M. sind an trocken-
warmes Klima und steinige bzw. sandige
Böden angepasst. Auf feuchten, weichen
Böden leiden sie häufig an Erkrankungen
der Hufe (z. B. Moderhinke) oder am Aus-
wachsen der Hufe wegen mangelnder Ab-
nutzung. Bei älteren Widdern wachsen
manchmal die Hornspitzen in den Hals ein,
was zu schweren Wunden und schließlich
zum Tod führt. M. haben bei uns praktisch

keine natürlichen
Feinde. Wo jedoch
Luchse auf M. tref-
fen, kommt es zu
hohen Verlusten,
oft zum Erlöschen
der M.-Population.

12 Jahre

2 Jahre

Gehörnentwicklung beim Mufflon

Offenbar sind M. schlecht an natürliche
Beutegreifer angepasst. Viele Forscher sehen in der Anfälligkeit des M. gegenüber
Krankheiten und Beutegreifern eine Folge
früherer Domestikation.

M. sind ausgeprägte Grasfresser, d. h. ge-
nügsam in der Nahrungswahl. In der Forstwirtschaft können sie durch Abschälen der
Rinde mit den Zähnen und durch Hörner-
schlagen gegen Baumstämme erhebliche
Schäden verursachen.

Ähnlich **Bezoarziege** *Capra aegagrus*,
ähnlich wildfarbenen Hausziegen; KRL
120–160 cm, G 25–80 kg; Fell rötlich grau,
Hals und Widerrist schwarzbraun; langer Kinnbart, beide Geschlechter mit sä-
belförmigen, seitlich abgeflachten Hörnern; in Asien, Kreta und verschiedenen
griechischen Inseln (dort möglicherweise
ausgesetzt); in der Lebensweise ähnlich
dem Alpensteinbock (⇨ S. 172); Stammform der Hausziege.

Mufflon   oberes Bild: Widder mit hellem Sattelfleck; unten: ♀ mit Lamm

Buckelwal
Megaptera novaeangliae · Familie Furchenwale

Sehr großer Wal; sehr lange Flossen, die ⅓ der KRL erreichen können; an Kopf, Flossen und Fluke mit „Beulen", auf denen oft Seepocken sitzen.

Von Kinn bis Nabel 12–36 Furchen; Oberseite blauschwarz bis schwarz, Unterseite weißlich, schwarz oder scheckig. KRL 14–17 m (♂), 15–19 m (♀), G 30 000–45 000 kg. **Verbreitung** Alle Ozeane bis Packeisgrenze.

Lebensweise B. machen in Gruppen von 4–12 Tieren Wanderungen zwischen den polaren Meeren im Sommer und tropischen bzw. subtropischen Meeren im Winter. Als Schluckfiltrierer ernähren sie sich von Krill (Kleinkrebsen) und Schwarmfischen. In den Wintergebieten kämpfen die ♂ um brünstige ♀ und „singen" zur Partnerfindung. *Ähnliche Art:* ⇨ S. 186

Zwergwal
Balaenoptera acurostrata · Familie Furchenwale

Kleinster Furchenwal; schmale Vorderflossen, sichelförmige Rückenflosse (Finne), tief gekerbte Fluke.

Rücken fast schwarz, Unterseite heller bis weiß. KRL ♂ 8 m, ♀ 8,20 m, G bis zu 8 t. **Verbreitung** In küstennahen Regionen der gemäßigten Breiten aller Ozeane, auch vor polaren Treibeiskanten und in trop. Gewässern.

Lebensweise Die Einzelgänger führen keine ausgeprägten Wanderungen durch. Z. ernähren sich im N von Schwarmfischen wie Heringen und Kabeljau sowie von Kopffüßern. Sie paaren sich im Spätwinter. Nach 10 Monaten Tragzeit wird 1 Kalb von bis zu 2,80 m Länge und 300 kg Gewicht geboren. *Verwandte Art:* ⇨ S. 186

Seiwal
Balaenoptera borealis · Familie Furchenwale

Großer, relativ schlanker Wal; sichelförmige Finne, gekerbte Fluke; oberseits dunkelgrau, unterseits blass.

In jeder Kieferhälfte 300–400 Barten mit feineren Fransen als bei anderen Furchenwalen; von Kehle bis Brust 50 kurze Furchen. KRL ♀ bis 14,5 m, ♂ bis 13,6 m, G bis 25 t. **Verbreitung** Reiner Hochseebewohner, in allen Ozeanen vorkommend, meidet extreme Temperaturen; selten in Küstennähe.

Lebensweise S. ernähren sich von schwarmbildenden Meerestieren wie winzigen Ruderfußkrebsen, kleinen Schwarmfischen und Kopffüßern. Die schnellen Schwimmer leben in Gruppen von 3–5 Tieren, tauchen bis zu 300 m tief und 20 Minuten lang. Alle 2 Jahre wird nach 11,5 Monaten Tragzeit ein 4,5 m langes Jungtier geboren.

Finnwal
Balaenoptera physalus · Familie Furchenwale

Zweitgrößte Walart nach dem Blauwal (⇨ S. 187); im vorderen Körperbereich asymmetrisch gefärbt.

Die dunkelgraubraune Rückenfärbung links weiter bauchwärts reichend als rechts, linker Unterkiefer außen dunkel, rechter hell. ♀ durchschnittl. 22 m lang, ♂ 19 m; G bis 75 t. **Verbreitung** Weltweit.

Lebensweise F. meiden Küstenregionen, wandern monatelang von nährstoffreichen kalten Gewässern des N und S in warme tropische Regionen zur Fortpflanzung. Sie ernähren sich v. a. von Leuchtkrebsen, auch von Schwarmfischen und Kopffüßern. **Wissenswert!** Durch Walfang wurden mehr als ¾ des F.-Bestands ausgerottet.

Buckelwal

Zwergwal

Seiwal

Vergleich: Rückenfinne Blauwal

Finnwal

Nördlicher Entenwal
Hyperoodon ampullatus · Familie Schnabelwale

Einer der größten Schnabelwale; Kopf mit kurzem Schnabel; kleine, spitz auslaufende Vorderflossen.

Kleine, sichelförmige Finne; breite, ungekerbte Fluke; Färbung braun bis dunkelgrau mit hellerer Kopf- u. Bauchpartie; nur ♂ im Unterkiefer 2 Zähne, bei geschlossenem Maul nicht sichtbar; ♂ bis knapp 10 m lang, ♀ gut 8,5 m, G 3500–5000 kg.

Verbreitung In tiefen, kalten Gewässern des N-Atlantiks von der Davisstraße bis EU. **Lebensweise** Die geselligen Tiere, die sich von Kalmaren, Seesternen und Tiefseefischen ernähren, sind wenig scheu. Dass sie häufig in der Nähe von Schiffen auftauchten, wurde ihr Verhängnis, viele fielen dem Walfang zum Opfer. Heute zählen sie zu den weltweit bedrohten Arten.

Pottwal
Physeter macrocephalus · Familie Pottwale

Größter Zahnwal; riesiger, im Profil fast rechteckiger Kopf; schmaler, unterständiger Unterkiefer mit 40–50 kegelförmigen Zähnen, Oberkiefer zahnlos.

Kleine, paddelförmige Vorderflossen; Fluke breit, tief gekerbt; Färbung dunkelgrau bis -braun, Lippen, Mundhöhle rosa, hellgrauer Bauchfleck; ältere ♂ mit zahlreichen

Narben (von Kämpfen oder Saugnäpfen großer Tintenfische); ♂ bis über 20 m Länge, ♀ 11–13 m; G ♂ bis 45 t, ♀ bis 20 t. **Verbreitung** In allen Weltmeeren von Polargebieten bis Äquator; ♂ mehr in kälteren Meeren. Einziger Vertreter seiner Familie. **Lebensweise** P. jagen in bis zu 1200 m Tiefe nach Kalmaren, Fischen und Krebstieren.

Gewöhnlicher Delfin
Delphinus delphis · Familie Delfine

Stromlinienförmige Gestalt; relativ breiter Schnabel, der mit deutlicher Stirnbildung in eine „Melone" übergeht.

Helle, sanduhrförmige Flankenzeichnung, Rücken schwarz, Seiten des Hinterkörpers grauweiß, weißer Bauch. KRL 2,4 m (♀) bis 2,6 m (♂); G 75–135 kg. **Verbreitung** Weltweit in allen gemäßigten warmen bis tropischen Meeren.

Lebensweise G. D. bewohnen die Hochsee ebenso wie flache Küstengewässer und jagen Fische und Kopffüßer. Sie können Schulen bis mehrere tausend Individuen bilden. G. D. bringen bewegungslose Artgenossen zur Wasseroberfläche. Durch diese angeborene Reaktion auf einen Schlüsselreiz (lebloser, delfingroßer Gegenstand im Wasser) haben sie auch schon Menschen gerettet.

Großtümmler
Tursiops truncatus · Familie Delfine

Typische Delfingestalt; einfarbig grau mit hellerer, leicht rötlicher Unterseite; kräftiger, mittellanger Schnabel.

KRL 2–4 m, G 90–650 kg. **Verbreitung** Weltweit in gemäßigten u. tropischen Meeren, meist in Küstennähe, auch in Teilen des Nordatlantiks und in Binnenmeeren wie Mittelmeer und Schwarzes Meer.

Lebensweise Die großen Schulen von mehreren hundert Individuen sind keine Sozialverbände, sondern können ständig fluktuieren. Fische und Tintenfische werden in bis zu 600 m Tiefe gefangen. *Verwandt:* Der **Schwertwal** oder **Orca** *Orcinus orca*, KRL 7–9 m, kommt regelmäßig vor der Atlantikküste von EU vor. §§

Nördlicher Entenwal

Pottwal

Gewöhnlicher Delfin

Großtümmler

Weißseitendelfin
Lagenorhynchus acutus · Familie Delfine

Kräftig gebaut; lange, schlanke Vorderflossen; große, sichelförmige und sehr spitze Rückenflosse.

In jeder Kieferhälfte 30–40 Zähne; Färbung oberseits schwarz, unterseits weiß, dazwischen graue Flanken mit weißer und gelblicher Fläche. KRL 2,5–3 m, G 180–250 kg.
Verbreitung Im N-Atlantik, v. a. am Kontinentalschelf-Abhang in Wassertiefen von 40–270 m und bei Temperaturen von 9–15 °C.
Lebensweise Die geselligen Tiere sind springfreudige Schnellschwimmer, die sich hauptsächlich von Schwarmfischen wie Heringen, Makrelen oder Seehechten ernähren. Einzel- und Massenstrandungen von W. kommen häufig vor.
Wissenswert! Der Bestand des W. ist seit Jahren stabil bei rund 250 000 Exemplaren.

Weißschnauzendelfin
Lagenorhynchus albirostris · Familie Delfine

Weiße, gedrungene Schnauzenpartie; lange, spitz zulaufende Vorderflossen; große, sichelförmige Rückenflosse (Finne).

Tief gekerbte Fluke; in jeder Kieferhälfte 22–27 kegelförmige Zähne; Färbung sehr variabel, auf der Rückenmitte immer dunkel. KRL 2,5–3 m, G 150–350 kg.
Verbreitung Küstenregion des Nordatlantiks vom NO der USA über Grönland bis zur Nordsee; bevorzugt am Abhang des Kontinentalschelfs.
Lebensweise W. fressen Fische sowie Kopffüßer und Krebse. Die Tiere leben in Schulen unterschiedlicher Größe. Sie vollführen gern hohe Sprünge, um danach laut auf der Wasseroberfläche aufzuklatschen.

Rundkopfdelfin, Rissodelfin
Grampus griseus · Familie Delfine

Stromlinienförmige Gestalt, plumper Kopf ohne Schnabel; durch den sich am Ende nach oben biegenden Mundspalt „lächelnder" Gesichtsausdruck.

Oberkiefer ganz ohne Zähne, im Unterkiefer jeweils nur 7 Zähne in jeder Hälfte; Färbung hellgrau bis weißlich mit weißlicher Kehle; hohe, spitze, haifischartige Rückenflosse (Finne). KRL 3–4 m, G 300–600 kg.
Verbreitung Alle tropischen und warm-gemäßigten Meere einschließlich der Binnenmeere Nord- und Ostsee sowie Mittelmeer.
Lebensweise Die geselligen R. leben in Gruppen von 50–100 Tieren, die sich zuweilen zu Schulen von über 4000 Individuen zusammenschließen. R. fressen hauptsächlich Kalmare und andere Kopffüßer, daneben aber auch Fische.

Weißwal, Beluga
Delphinapterus leucas · Familie Gründelwale

Gedrungene Gestalt; runder Kopf, deutliche „Melone", ausgeprägte Gesichtsmimik; Färbung erwachsener W. rein weiß.

Statt Finne eine kleine, dachkantenartige Erhebung. KRL 4,5–5,5 m (♂), 3–3,5 m (♀), G 1000–1500 kg (♂), 400–1000 kg (♀).
Verbreitung Arktische bis subarktische, gewöhnl. eisfreie Gewässer rund um den Nordpol, im Sommer in flachen Küstengewässern.
Lebensweise W. ernähren sich von einer Vielzahl an Fischarten sowie Zooplankton, das sie evtl. ansaugen (stark verformbarer Mund!). Als „Gründelwale" suchen sie ihre Nahrung am Boden. Die sozialen Tiere leben häufig in großen Gruppen.
Weitere Art: ⇨ S. 186

Weißseitendelfin

Weißschnauzendelfin

Rundkopfdelfin

Weißwal

Schweinswal

Phocoena phocoena · Familie Schweinswale

kleine, ovale Vorderflossen; kleine, gekerbte, spitz endende Fluke

Kleiner Wal mit rundlichem Kopf ohne Schnabelbildung; niedrige, dreieckige Rückenflosse (Finne); braungraue Oberseite, helle Unterseite.

KRL 1,20–1,50 m (♂), 1,30–1,80 m (♀), G 25–90 kg.

Verbreitung In küstennahen kühleren Gewässern der Nordhalbkugel; im Atlantik in Küstenregionen von W-Afrika bis zur Davisstraße und Island, im Pazifik Küsten von der Baja California bis Alaska; Ost- und Nordseeraum; isolierte Populationen im Schwarzen und Asowschen Meer.

Lebensweise S. leben einzeln oder in kleinen Gruppen bis zu 10 Tieren. Am häufigsten schwimmen sie zu zweit. Zwischen Müttern und ihren Kälbern sowie in der Paarungszeit zwischen ♂ und ♀ gibt es eine enge Bindung. Die Tiere schwimmen mit langsamen, „rollenden" Bewegungen und vermeiden es im Gegensatz zu anderen Delfinen, aus dem Wasser zu springen. Nachts ruhen S. gewöhnlich an der Wasseroberfläche.

Nach einer Tragzeit von 10–11 Monaten werden, meist zwischen Mai und Juli, die Jungen geboren. Dazu wandern die trächtigen ♀ dicht an die Küste. Wie bei allen Walen kommt das Kalb mit dem Schwanz voran auf die Welt – so kann die Nabelschnur nicht zu früh reißen, die Schwanzflosse sich festigen und das Baby gleich zum Luftholen an die Oberfläche schwimmen. Ein Neugeborenes ist 70–90 cm groß und wiegt 5–7 kg. Es wird 8 Monate lang von der Mutter gesäugt. Die weiblichen Jungtiere werden mit 1,5 Jahren, die männlichen mit 3 Jahren geschlechtsreif. Die durchschnittliche Lebenserwartung der S. liegt bei 9, das Höchstalter bei 14 Jahren.

S. ernähren sich hauptsächlich von Fischen. Pro Tag fressen erwachsene Tiere ungefähr 2 kg Fisch.

Wissenswert! Delfine orientieren sich mit einer Art Echoortung. Sie senden Schallwellen aus, die zurückgeworfen werden und ihnen ein akustisches Bild vom Meeresboden, der Küste, Nahrungstieren und möglichen Feinden liefern. S. wie auch andere Zahnwale erzeugen als Tonmuster eine Folge von Klicks, kurzen Schallimpulsen, die sowohl nieder- (2000 Hertz) als auch hochfrequente (110 000–150 000 Hertz) Töne umfassen. Die Klicks entstehen vermutlich beim Zirkulieren der Luft in den Nasensäcken, die als paariges, verzweigtes System den Nasengang unter dem Blasloch umgeben. Die sog. Melone bei vielen Zahnwalen, eine Art Fettlinse vor dem Gehirn, richtet und bündelt vermutlich den Schall.

Die moderne Fischerei stellt vermutlich die größte Gefährdung für S. dar. Die Tiere verheddern sich in den Netzen, die sie nicht orten können, ertrinken oder verletzen sich schwer. Als sog. Beifang werden sie tot oder sterbend über Bord der Fischereischiffe geworfen. Allein in der zentralen und südl. Nordsee sterben jährlich 7000 S. in den Netzen der Fischer. Auch Schadstoffe im Meer oder dröhnende Schiffsmotoren und Bohrinseln schädigen oder vertreiben S. §§

Freilassen eines geretteten Schweinswals

Finne niedrig
dreieckig

Schweinswal

Ähnliche Arten zu folgenden Seiten

26 **Maskenspitzmaus** *Sorex caecutiens:* Aussehen und Lebensweise ähnlich Waldspitzmaus, aber viel kleiner; Fell zweifarbig, oben braun, unten weißlich; lebt in Taiga- und Tundrenzonen in N-Norwegen, Finnland, O-Polen, nach O bis Sibirien, Mongolei und Japan.

26 **Iberische Waldspitzmaus** *Sorex granarius:* ähnlich Wald- und Schabrackenspitzmaus, aber kleiner, kürzere Schnauze; lebt in Gebirgen Mittelspaniens.

26 **Taigaspitzmaus** *Sorex isodon:* ähnlich Waldsp., dunkle Körperoberseite, etwas hellere Bauchseite; in feuchten Nadel- und Mischwäldern, in Moorgebieten und an Gewässerufern; N- und O-EU bis O-Sibirien, N-China.

26 **Italienische Waldspitzmaus** *Sorex samniticus:* in Aussehen und Lebensweise ähnlich der Waldspitzmaus, aber kürzerer Schwanz; in Italien bis in 1200 m Höhe, z. T. gemeinsam mit Waldsp. vorkommend.

26 **Knirpsspitzmaus** *Sorex minutissimus:* ähnlich Schabrackensp., kleiner als Zwergsp.; kurzer Schwanz oben braun, unten hellgrau; nördl. Eurasien, von N- und O-EU bis O-Sibirien, Sachalin, Japan; in Taiga, z. T. in Tundrenzone.

30 **Kanarenspitzmaus** *Crocidura canarensis:* ausschließlich auf den östlichen Kanaren (Fuerteventura, Lobos, Lanzarote, Mt. Clara); sehr ähnlich Siziliensp.

30 **Osorio-Spitzmaus** *Crocidura osorio:* ähnlich Feldsp., sehr nah mit der Hausspitzmaus verwandt, jedoch Unterschiede in der Chromosomenzahl sowie in Aussehen, Ökologie, Stimme und Verhalten; lebt im feuchten, immergrünen Wald im N von Gran Canaria.

30 **Sizilienspitzmaus** *Crocidura sicula:* ähnlich Haussp., auf den sizilianisch-maltesischen Inseln in Siedlungsnähe, in Acker- und offenem Brachland.

30 **Kretaspitzmaus** *Crocidura zimmermanni:* in Aussehen und Lebensweise ähnlich der Hausspitzmaus; auf Kreta, jedoch selten und nur lokal verbreitet.

32 **Blindmaulwurf** *Talpa caeca:* sehr ähnlich dem Maulwurf; kleiner, kurzschwänziger; nackter Schnauzenteil länger und schmaler; winzige Augen von Häutchen verschlossen; nicht so tief grabend, wirft kleinere Hügel

auf; Iberische Halbinsel, S-Frankreich, N-Italien, ehem. Jugoslawien, Griechenland, Kleinasien, Kaukasus.

32 **Spanischer Maulwurf** *Talpa occidentalis:* wegen morphologischer Ähnlichkeit früher als Unterart des Blindmaulwurfs geführt, aber genetisch unterschiedlich von allen anderen *Talpa*-Arten; nur in Portugal u. Spanien.

32 **Römischer Maulwurf** *Talpa romana:* sehr ähnlich dem Maulwurf, etwas größer, Rüssel länger, Schnauzenspitze unbehaart; Augen durch Häutchen verschlossen; Italien (auf Sizilien wahrscheinlich ausgestorben).

32 **Balkanmaulwurf** *Talpa stankovici:* früher als Unterart des Römischen Maulwurfs beschrieben; lebt auf dem Balkan westlich vom Fluss Vardar, in NO-Griechenland, Albanien und Korfu.

32 **Russischer Desman** *Desmana moschata:* größer als der Pyrenäendesman, KRL bis 23 cm; auch an den Vorderfüßen Schwimmhäute.

52 **Madeirafledermaus** *Pipistrellus maderensis:* nur auf Madeira und den Kanarischen Inseln (Teneriffa, La Gomera, La Palma, El Hierro); offensichtlich kein Winterschlaf; ähnelt der Zwergfledermaus; Verwechslung mit Weißrandfledermaus (hellerer Rücken) möglich.

54 **Azorenabendsegler** *Nyctalus azoreum:* Körperbau und Färbung ähnlich Kleiner Abendsegler; etwas kleiner; nur auf den Azoren (7 von 9 Inseln; Flores unsicher, Corvo ohne Nachweis); jagt auch tagsüber.

56 **Bottas Fledermaus** *Eptesicus bottae:* etwas kleiner als Breitflügelfledermaus, Schwanz im Verhältnis länger; Ohren kürzer und schmaler, Fell dichter und seidiger; anatolische Küstenregionen von Ägäis und Mittelmeer.

58 **Kanaren-Langohrfledermaus** *Plecotus teneriffae:* Färbung ähnlich dem Grauen Langohr, aber größer als die beiden anderen Langohr-Arten; ausschließlich auf den Inseln Teneriffa, La Palma, El Hierro, wahrscheinlich auch La Gomera; unbekannt, ob Winterschlaf.

64 **Kaphase** *Lepus capensis:* etwas kleiner als Feldhase (KRL 44–55 cm); Grundfarbe mehr

gelblich grau, insbesondere an den Flanken; rötlich grauer Nacken; Ohrlänge 85–130 mm; in Afrika außerhalb des Waldes; in EU nur auf Sardinien.

64 Andalusischer Hase *Lepus granatensis*: früher als Form des Kaphasen, heute als eigene Art betrachtet; ausschließlich auf der Iberischen Halbinsel und auf Mallorca; auf Ibiza ausgestorben.

64 Castroviejo-Hase *Lepus castroviejoi*: ähnlich Feldhase; ausschließlich auf der Iberischen Halbinsel, und zwar nur im Hochland des Kantabrischen Gebirges (N-Spanien) in einem schmalen Streifen von 230 km Länge und 25–40 km Breite vorkommend.

64 Korsikahase *Lepus corsicanus*: früher als Unterart des Feldhasen betrachtet, ähnlich Castroviejo-Hase; ausschließlich in Zentral- und S-Italien sowie auf Sizilien; im 16. Jh. auf Korsika eingebürgert, in den 1990er-Jahren dort wahrscheinlich wieder ausgestorben.

72 Burunduk *Tamias sibiricus*: kleines, tagaktives Hörnchen (KRL 12–17 cm) mit 5 dunkelbraunen Längsstreifen auf bräunlichem bis ockerfarbenem Rücken; natürliches Areal in der Taigazone von N-Russland und Sibirien; Populationen in Frankreich, den Niederlanden, Deutschland, Österreich und Italien auf entlaufene Exemplare zurückgehend. (kl. Bild unten rechts)

78 Kanadabiber *Castor canadensis*: sehr ähnlich dem Europ. Biber, etwas größer und dunkler; pro Wurf größere Anzahl an Jungen.

80 Zwerghamster *Cricetulus migratorius*: knapp feldmausgroß, Fell ohne Muster, oberseits grau bis sandfarben, unterseits weißlich bis hellgrau; KRL 9–11 cm; G 25–36 g; Steppengebiete Eurasiens von SO-EU bis Mongolei und Sinkiang, südwärts über Kleinasien bis Palästina, Iran und Pakistan.

84 Graurötelmaus *Clethrionomys rufocanus*: ähnlich Rötel- und Polarrötelmaus; größte Art der Gattung (KRL 9–13,5 cm); von N-EU ostwärts bis Japan.

84 Polarrötelmaus *Clethrionomys rutilus*: ähnlich Rötel- und Graurötelmaus; KRL 7,5–11 cm, Rücken intensiver rot als bei Rötelmaus; klettert sogar auf Bäume; NO-EU ostwärts bis O-Asien und Tundrazone N-Amerikas.

90 Pyrenäen-Kleinwühlmaus *Microtus gerbei*: ähnlich der Mittelmeer- und der Italienischen Kleinwühlmaus; ausschließlich im westlichen Mittelmeerraum, in Zentral- und SW-Frankreich nördlich der Loire, in den Pyrenäen und im östlichen Katabrischen Gebirge; auf Bergmatten, in Kalksteingebieten, Laubwaldrandzonen, Wiesen, Parks.

90 Iberienwühlmaus *Microtus lusitanicus*: ähnlich der Mittelmeer- und Pyrenäen-Kleinwühlmaus; Rücken dunkel, Unterseite silbergrau; nur in einem kleinen Dreieck auf der Iberischen Halbinsel mit Portugal, Spanien und SW-Frankreich.

90 Italienische Kleinwühlmaus *Microtus savii*: etwa so groß wie Kurzohrmaus; Ohren und Schwanz kürzer; Italienische Halbinsel und Sizilien bis südliches Tessin, äußerstes SO-Frankreich.

90 Felten-Kleinwühlmaus *Microtus felteni*: sehr ähnlich der Italienischen Kleinwühlmaus; endemisch in Serbien, Mazedonien, N-Griechenland und Albanien.

90 Bayerische Kleinwühlmaus *Microtus bavaricus*: etwas größer als die Kurzohrmaus; bisher nur in den Bayerischen Alpen (heute dort evtl. ausgestorben) und in Tirol nachgewiesen.

90 Tatrawühlmaus *Microtus tatricus*: langhaariges Fell, am Rücken dunkel rostbraun; nur in den Karpaten in der Slowakei, in Polen, der Ukraine und in Rumänien.

90 Balkan-Kurzohrmaus *Microtus thomasi*: relativ groß (KRL 8,7–11,5 cm), kurzschwänzig, Rückenfärbung variabel; ähnlich Mittelmeer-Kleinwühlmaus; SW-Balkan von Herzegowina über Montenegro bis Griechenland, Peloponnes, Euböa und wahrscheinlich Albanien.

92 Bergmaus *Dinaromys bogdanovie*: langschwänzig, weiches Fell; ähnlich Schneemaus; in Karstgebieten der Adria vom Küstenbereich bis in 2200 m Höhe.

92 Bukowinische Blindmaus *Spalax graecus*: sehr begrenzte Verbreitung in einem kleinen Gebiet in der Ukraine und in Rumänien.

96 **Alpenwaldmaus** *Apodemus alpicola*: begrenzt auf nördliche Alpen und Zentralalpen in Frankreich, der Schweiz, Deutschland, Italien, Österreich; ähnlich der Gelbhalsmaus, mit ihr und der Waldmaus gemeinsam vorkommend.

96 **Felsenmaus** *Apodemus mystacinus*: ähnlich Gelbhalsmaus, Waldmaus oder junger Ratte; westliche und südliche Balkanländer, ägäische und ionische Inseln, von Adria-Inseln nur Korcula und Mljet, Türkei, Kaukasus bis Ural, Kleinasien südlich bis Israel.

96 **Zwergwaldmaus** *Apodemus microps*: kleiner als die Waldmaus, Körperoberseite grau, scharf abgesetzt von weißer Unterseite; gelblicher Kehlfleck nicht immer deutlich ausgebildet, fast stets kleiner als bei der Waldmaus; O-EU, Türkei; offenes, trockenes Gelände, auch lichte Wälder; Lebensweise ähnlich der Waldmaus, ruhiger, weniger beweglich und schreckhaft als die größeren Verwandten.

100 **Balkanhausmaus** *Mus macedonicus*: in Makedonien, europ. Teil der Türkei, Bulgarien, Griechenland.

100 **Ährenmaus** *Mus spicilegus*: sehr ähnlich der Östlichen Hausmaus; ganzjährig außerhalb von Gebäuden lebend; nur im SO-EU bekannt, von Neusiedler See und der südl. Slowakei bis zur Ukraine, kleine, isolierte Population in Montenegro, Albanien, NW-Griechenland.

100 **Heckenhausmaus** *Mus spretus*: etwas kleiner als Hausmaus; Portugal, Spanien, S-Frankreich, N-Afrika.

104 **Maussschläfer** *Myomimus roachi*: hausmausgroß, ohne Bilchzeichnung; KRL 8–13 cm, SL 9 cm; südöstliche Balkanhalbinsel und Westanatolien; in offenen, steppenartigen Landschaften mit Gebüsch, auch trockenes Kulturland.

156 **Weißwedelhirsch** *Odocoileus virginianus*: etwa damhirschgroß, ähnlich Rothirsch; Schwanz relativ lang und breit, oberseits braun mit weißem Rand, unterseits weiß; beim Flüchten aufgestellt, zusammen mit weißem Spiegel weithin sichtbare Signalwirkung; Geweihstangen an der Basis nach rückwärts gerichtet, im weiteren Verlauf nach vorn gedreht. (Bild unten links)

164 **Chinesisches Wasserreh** *Hydropotes inermis*: einzige in EU eingeführte Hirschart ohne Geweih; KRL 75–105 cm, G 12–22 kg; ♂ mit ca. 8 cm langen, hauerartigen Eckzähnen im Oberkiefer; heimisch in China u. Korea, eingeführt in England u. Frankreich; Nahrung ähnlich wie beim Reh.

176 **Grönlandwal** *Balaena mysticetus*: KRL 15–20 m, G 60–90 t; Kopf bis zu 40 % der Gesamtlänge; lebt von Krill; stets nahe der Eisgrenze der Arktis (auch zum Gebären); einzeln oder in kleinen Familiengruppen, auch mit Weiß- oder Narwalen vergesellschaftet.

176 **Blauwal** *Balaenoptera musculus*: KRL 25–35 m, G 80–130 t; größtes jemals auf Erden existierendes Tier; wird 30–50 Jahre alt; lebt von Krill; jahreszeitlich zwischen kalten, polnahen Gewässern als Nahrungsgründe und äquatornahen flachen Meeresbuchten zum Kalben wechselnd; kl. Gruppen von 3–4 Tieren, manchmal in größeren Verbänden.

180 **Narwal** *Monodon monoceros*: KRL 4,5–6,6 m, G 800–1800 kg; ♂ mit langem, spiralig gewundenem „Stoßzahn" im Oberkiefer (von dem man füher annahm, er stamme vom sagenhaften Einhorn); N. leben von Tintenfischen, Platt- und anderen Bodenfischen; in kleinen Gruppen in Fjorden und in der Pack- und Treibeisregion des hohen Nordens.

Artenverzeichnis

Der Autor

Dr. Klaus Richarz, geboren 1948, ist Leiter der Staatlichen Vogelschutzwarte von Hessen, Rheinland-Pfalz und dem Saarland. Er ist Autor zahlreicher Naturführer mit Schwerpunkt Säugetiere und Vögel.

Der Herausgeber

Gunter Steinbach (†), geboren 1938, studierte bildende Künste in Hamburg und war Jahrzehnte im Verlagswesen tätig. Zuletzt lebte er auf seinem Einödhof im Allgäu, wo er sich praktisch und publizistisch der heimischen Natur widmete.

Bildquellen

Die Ziffer vor dem Punkt bedeutet die Seite im Buch, die Ziffer nach dem Punkt die Bildposition auf der Seite. Die Zählung auf einer Seite läuft mit den Arten von links nach rechts und von oben nach unten.

Die Fotos stammen von **A. Limbrunner** mit Ausnahme der folgenden:
M. Danegger: Titelfoto 3, 75.1, 75.2, 75.3, 113.1, 125.3, 131.3, 161.2, 165.3, 169.1, 169.2, 169.3; **J. Gebhard:** 51.1, 51.5; **E. Grimmberger:** 31.3, 31.4, 31.5, 39.3, 39.4, 41.5, 41.6, 43.1, 43.2, 47.1, 49.2, 53.2, 63.1, 91.3, 95.3, 95.4, 97.1; **T. Grüner:** 35.1; **G. Hau:** 151.1, 151.2; **F. Hecker:** Umschlagrückseite links, 15, 18, 19, 21, 22, 25.5, 27.2, 27.3, 85.1, 95.5, 114, 135.1, 135.2, 143.2, 155.2, 172; **E. Hortig:** 129.2; **B. Hussel:** 182; **E. Hüttenmoser:** 93.1, 161.1; **R. König:** Titelfoto 2, 24.2, 35.2, 35.3, 107.2, 156, 159.3; **A. Maywald:** Titelfoto 8, 2, 3.6, 33.5, 147.2, 148, 149.1, 183.1, 183.2; **F. Möllers:** 127.1; **Photolibrary / Valentin Rodriguez:** Titelfoto 1; **H. Reinhard:** Titelfoto 6, 12, 67.1, 73.1, 79.1, 113.2, 119.1, 119.2, 127.2, 129.1, 133.1, 133.2, 145.1, 145.2, 150, 151.3, 155.1, 158, 159.4, 161.3, 165.1, 165.2, 170, 171.1, 171.2, 173.2, 175.1, 175.2; **K. Richarz:** 58, 79.3; **K. Rudloff:** 106.1, 109.1, 174, 185, 186; **H. Schrempp:** 84.4, 116.1, 130.3, 139.1; **G. Schumann:** 129.3; **K. Schwammberger:** 27.4, 29.2, 29.3, 31.6, 83.2, 91.1, 91.2, 91.4, 93.2, 99.2, 101.1, 101.2, 104, 107.1; **J. Tébar:** 139.2, 143.3; **P. Vogel:** 27.1, 31.7; **W. Willner:** 167.1; **K. Wothe:** 67.2, 67.4, 73.2, 83.1, 115.1, 115.2; **W. Zepf:** 173.1; **J. Zimmermann:** 147.1, 149.2, 163.3; **D. Zingel:** 111.

Die Grafiken schufen **S. Walentowitz** und **F. Wendler** bis auf die folgenden:
H. Diller, G. Marks, S. Walentowitz, F. Wendler: 6, 7, 8, 9; **Dr. Franz Müller:** 192 f.; **S. Seifert:** vordere Einbandinnenseite.

Die Wiedergabe der Motive von H. Diller und G. Marks erfolgt mit freundlicher Genehmigung des Verlagshauses Stuttgart (VS) aus dem „Bildlexikon der Tiere", Lexikografisches Institut, München.

Bibliografische Information der Deutschen Nationalbibliothek
Die Deutsche Nationalbibliothek verzeichnet diese Publikation in der Deutschen Nationalbibliografie; detaillierte bibliografische Daten sind im Internet über http://dnb.d-nb.de abrufbar.

3. Auflage
© 2003, 2010 Eugen Ulmer KG
Wollgrasweg 41, 70599 Stuttgart (Hohenheim)
Email: info@ulmer.de
Internet: www.ulmer.de
Umschlagentwurf: Summerer/Thiele, Stuttgart
Lektorat: Dr. Helga Hofmann, Ina Vetter, Christine Schneider
Herstellung: Silke Reuter
XML-Workflow und Satz: pagina GmbH, Tübingen
Druck und Bindung: Offizin Andersen Nexö, Zwenkau
Printed in Germany

ISBN 978-3-8001- 5932-1

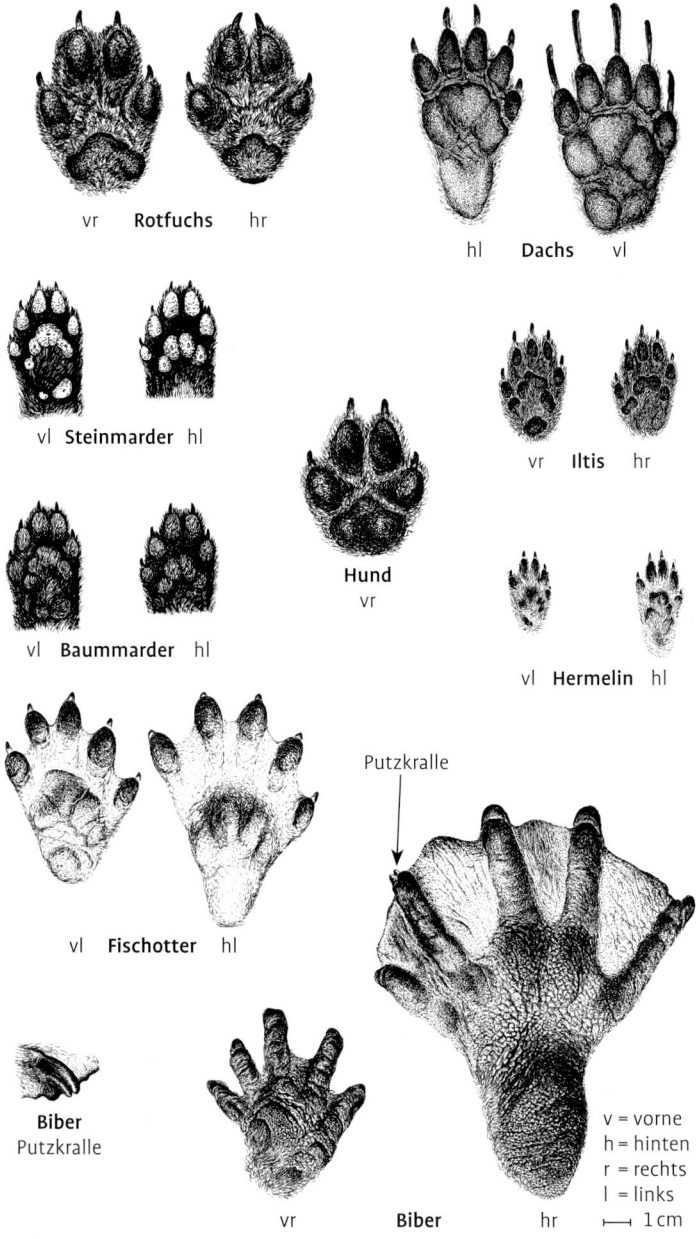

vr **Rotfuchs** hr

hl **Dachs** vl

vl **Steinmarder** hl

vr **Iltis** hr

Hund
vr

vl **Baummarder** hl

vl **Hermelin** hl

Putzkralle

vl **Fischotter** hl

Biber
Putzkralle

vr **Biber** hr

v = vorne
h = hinten
r = rechts
l = links
⊢——⊣ 1 cm